China-Deutschland-Knigge ²¹⁰⁰

Chinesen in Deutschland

Horst Hanisch

© Erste Auflage: 2020 by Horst Hanisch, Bonn

Bibliografische Information der Deutschen Nationalbibliothek: Die Deutsche Nationalbibliothek verzeichnet diese Publikation in der Deutschen Nationalbibliografie; detail-
lierte bibliografische Daten sind im Internet über dnb.dnb.de abrufbar.

Der Text dieses Buches entspricht der neuen deutschen Rechtschreibung.

Aus Gründen der einfacheren Lesbarkeit wird auf das geschlechtsneutrale Differenzie-
ren, zum Beispiel Mitarbeiter/Mitarbeiterin weitestgehend verzichtet. Entsprechende
Begriffe gelten im Sinne der Gleichbehandlung für alle Geschlechter.

Idee und Entwurf: Horst Hanisch, Bonn

Lektorat: Alfred Hanisch, Bonn; Annelie Möskes, Bornheim

Buchsatz: Guido Lokietek, Aachen; Horst Hanisch, Bonn

Umschlag: Christian Spatz, engine-productions, Köln; Horst Hanisch, Bonn

Fotos/Zeichnungen: Sofern nicht anders angegeben: Horst Hanisch, Bonn

Herstellung und Verlag: BOD – Books on Demand GmbH, Norderstedt

ISBN: 978-3-7494-9998-4

China-Deutschland-Knigge [2100]

Chinesen in Deutschland

Horst Hanisch

Inhaltsverzeichnis – 内容

INHALTSVERZEICHNIS – 内容5

VORWORT – 前言 8

Bei den ‚Bier trinkenden'
Deutschen 8

TEIL 1 WILLKOMMEN – 欢迎 11

DER CHINESE ZU BESUCH IN
DEUTSCHLAND 12

STÄBCHEN VERSUS MESSER UND
GABEL 12
Gigantische Unterschiede... 12

TEIL 2 – BERUF – 行业 21

BUSINESS AS UNUSUAL......22

ZWEI BERUFLICHE KULTUREN ‚UNTER
EINEN HUT' BRINGEN 22
Kontaktaufnahme und
Geschäftserfolge.............. 22
Das Aufeinandertreffen...... 24
Die Verbeugung............... 25
Die Begrüßung 27
Ein Pärchen begrüßen 28
Du oder Sie? – Das direkte
Ansprechen 30
Herr oder Dame? – Die direkte
Anrede........................... 31
Durch Gesten Hinweise geben
.... 33
Jemanden zu sich winken .. 35
Die Gesprächsführung 35
Ausreden lassen 38
Smalltalk – Kontakte knüpfen

.... 39
Smalltalk – geeignete Themen
.... 41
Zeit – pünktlich sein 42
Ja sagen und Nein meinen? 43
Makelloses Outfit 43
Schwächen zugeben 44

TEIL 3 – GESELLSCHAFT – 公司
.... 45

GESELLSCHAFTLICHES
NÄHERKOMMEN 46

VERHALTEN IM PRIVATEN BEREICH 46
Immer nur lächeln?........... 46
Distanzzonen................... 48
Körperberührung 52
Freunde stehen zusammen. 54
Freunde finden 54
Aus Nachbarn werden Freunde
.... 55
Die harmonische binationale
Nachbarschaft 56
Lächeln – immer nur lächeln
.... 57
Spiele, Kampfkunst und
Fußball 58
Niesen – Gesundheit.......... 59
An den Fingern abzählen.... 60

TEIL 4 – RESTAURANT – 餐厅
.... 63

IN DER GASTRONOMIE....... 64

EINLADEN UND EINGELADEN WERDEN
.... 64

Tischsitten...................... 64
Rolle Gast und Rolle
Gastgeber im privaten Umfeld
.... 67
Einladung – wer bezahlt?... 67
Wahl des Tisches.............. 68
Bestellung 70
Reis versus Kartoffeln 71
Besteckteile im Gedeck 72
Das erste Getränk –
Zuprosten 73
Verhalten bei Tisch 74
Bezahlen........................ 76
Trinkgeld........................ 78
Damals und heute 79
Unverkrampft und trotzdem
regelkonform 79

TEIL 5 – ABERGLAUBE – 迷信
....81

GEFÜHLE NICHT VERLETZEN
....82

SICHER IST SICHER 82

Toi, toi, toi...................... 82
Auch kleine Geschenke
erhalten die Freundschaft... 83
Horoskop – Das Glück steht in
den Sternen.................... 84
Dreimal auf Holz klopfen 87
Der Unglückstag – Freitag der
13. 88
Arme über Kreuz reichen –
Jemand muss sterben........ 89
Salz umschütten – Diese
Verschwendung bringt
Unglück........................... 90
Positivismus und
Negativismus 91
Wertschätzung 92

ANHANG – 附录 93

INDEX – 指数 94

KNIGGE ALS SYNONYM UND ALS NAMENSGEBER........... 96
Adolph Freiherr Knigge 96

Vorwort – 前言

Es gehört zum deutschen Bedürfnis, beim Biere von der Regierung schlecht zu reden.
Otto Fürst von Bismarck (Otto Eduard Leopold von Bismarck-Schönhausen), dt. Staatsmann
(1815 - 1898)

Bei den ‚Bier trinkenden' Deutschen

Liebe Leserin, lieber Leser, es ist schön, dass Sie diesen Ratgeber in den Händen halten, sei es als gedruckte Ausgabe oder in digitaler Form.

Laut der Chinesischen Handelszeitung leben etwa 200.000 Chinesen in Deutschland (davon etwa die Hälfte als deutsche Staatsbürger). Das sind ungefähr so viele, wie die Stadt Kassel Einwohner zählt. Verglichen mit den in China Lebenden (1,4 Milliarden) ist das natürlich eine kleine Zahl. In Relation zur Bevölkerungszahl in Deutschland (83 Millionen) eine relativ beachtliche.

Chinesen kommen nach Deutschland, um hier zu leben, zu arbeiten, zu studieren oder einfach nur zum Vergnügen, um als Tourist/Reisender (angeblich mehrere Millionen pro Jahr) zu sehen, wie die Bier trinkenden Deutschen leben.

Einige Ausländer haben vorgegebene Bilder, um nicht zu sagen Vorurteile, von Deutschen im Kopf. Alle laufen in Lederhosen, tragen einen lustigen Hut mit einem Bart irgendeines Tieres daran, feiern gern und trinken Tag und Nacht Bier.

Sie erwarten, dass die Deutschen sehr pünktlich, korrekt und fleißig sind. Die Autoindustrie gilt als weltführend, der Fußball fast als unschlagbar.

Was der Westler tut, ist gut

Ist das so? Lieber chinesischer Gast, seien Sie versichert, dass Sie ein total anderes Bild hier vor Ort erwartet. Ihre Erwartungshaltungen werden zum großen Teil nicht erfüllt. Nicht traurig sein deswegen. So ist das nun mal mit Vorurteilen.

Sie werden bemerken, dass Deutsche ebenso Vorurteile, sagen wir Stereotypen Denken, gegenüber Chinesen haben. Ihrer Meinung nach ernähren sich Chinesen ausschließlich von Reis mit Gemüse und kleinen Fleischstückchen. Die Nahrung, auch wenn es sich um Suppe handelt, wird mit Stäbchen genossen.

Chinesen lächeln immer, sind ausgesprochen ehrgeizig und arbeiten extrem gewinnorientiert. Und: Als Spezialität gilt Hundefleisch (weshalb es auch kaum Hunde in China geben soll)!

Bestimmt treffen diese Bilder auf einige Chinesen zu. Genauso bestimmt wird es unendlich viele andere Chinesen geben, die einen anderen Lebensstil führen.

So verhält es sich das nun mal mit den gesellschaftlichen Vorurteilen, die ein Mensch mit sich herumschleppt.

Extrem andere Kultur

Sie, liebe Leserin, lieber Leser, kommen nach Deutschland (oder leben schon hier) und werden mit einer total anderen Kultur konfrontiert.

Sprache, Denken, Verhaltensmuster sind gänzlich anders als in Ihrer Heimat.

Vieles wird Ihnen im Vergleich zu China winzig, beengt und übersichtlich vorkommen.

Die größte deutsche Stadt Berlin hat ca. 3,6 Millionen Einwohner. Die größte chinesischen Stadt Shanghai bietet allein schon 26 Millionen Einwohner! Berlin könnte sich mehr als siebenmal in Shanghai verstecken.

Die Umgangsformen im beruflichen und gesellschaftlichen Umfeld sind nicht deckungsgleich. Zwangsläufig kann es deswegen zu Missverständnissen oder gar zu Missstimmungen kommen.

Sie treffen hier auf Menschen, die Ihre (zukünftigen) Nachbarn, Gesprächspartner, Vorgesetzten, Kommilitonen und – hoffentlich auch – Freunde sein werden.

Aus deutscher Sicht ist China weit, weit weg. Viele Deutsche meinen zwar, ausreichend Informationen über China zu haben.

Tatsächlich haben die wenigsten Deutschen jemals chinesischen Boden betreten.

Jeder Asiat ist ein Chinese?

Gerne lassen sich die Deutschen auch in eine weitere Falle locken: Jeder, der so aussieht wie ein ‚typischer‘ Chinese, ist auch ein Chinese.

Der Deutsche kann vom Aussehen her den Koreaner, Japaner, Vietnamesen und andere nicht voneinander unterscheiden. Wie einfach ist es dann doch, alle als Chinesen zu bezeichnen.

Sehen Sie, liebe Leserin, lieber Leser, den Deutschen diese Nachlässigkeit nach.

Der Ratgeber, der in erster Linie für Sie erstellt ist, kann natürlich auch dem deutschen ‚Gastgeber‘, der mit Ihnen zu tun hat, eine Hilfe darstellen.

Deshalb wird auch hin und wieder auf chinesisches Verhalten und Umgangsformen hingewiesen.

Somit ist es auch dem Deutschen möglich, die kulturellen Unterschiede besser zu erkennen. Er kann dann Ihre Unsicherheiten leichter nachvollziehen.

Im Idealfall soll Ihnen der Ratgeber helfen, manches Missgeschick zu vermeiden und das eine oder andere Fettnäpfchen rechtzeitig zur Seite zu schieben, bevor Sie hineintreten.

Ich wünsche Ihnen, liebe Leserin, lieber Leser, viel Spaß, Erfolg und neue Erkenntnisse in Deutschland. Genießen Sie die Zeit und die Andersartigkeit im Vergleich zu Ihrer Kultur.

Nun denn, lassen Sie uns mit einem Glas Bier auf gegenseitiges Verständnis anstoßen.

„Prost!"

Horst Hanisch

Teil 1 Willkommen – 欢迎

Der Chinese zu Besuch in Deutschland

Stäbchen versus Messer und Gabel

> *Vergleicht man die Erde mit der Welt, ist sie nicht wie ein Ameisenhaufen in einer großen Ebene?*
> *Und vergleicht man China mit der Erde, ist es nicht wie ein Reiskörnchen in einem Riesenspeicher?*
>
> **Dschuang Dsi (Zhuangzi), chin. Dichter**
> **(365/365 - ca. 290/275 v. Chr.)**

Gigantische Unterschiede

Im vorliegenden Ratgeber werden Sie immer wieder mit zwei Personen konfrontiert. Die ‚Vertretung' der deutschen Seite übernimmt Emma. Genauso gut könnte es auch Enno sein.

Auf der chinesischen Seite steht Lian, der auch Lisa sein könnte. Damit soll unterstrichen werden, dass beide klassischen Geschlechter vertreten sind. Die Geschlechter sind bis auf wenige Ausnahmen austauschbar.

Hier stellen sich beide vor.

„Ni hao, ich heiße Lian. Ich bin erst seit wenigen Tagen in Deutschland. Da ich hier ein Auslandssemester verbringen will, möchte ich so viel wie möglich von der deutschen Kultur mitbekommen."	„Guten Tag, mein Name ist Emma. Ich begleite Sie durch dieses Buch. Dabei werde ich Sie auf typische Verhaltensmuster in Deutschland aufmerksam machen."

„Ich freue mich, einen Einblick in das Denken der Deutschen zu erhalten. Ich bin gespannt auf die großen Unterschiede zu unserer Jahrtausende alten Kultur."	„Treten Sie ein, in ein modernes Land mit einer 2000 Jahre alten Kultur mit gewachsenen und erstellten Regeln zur Etikette und mit aktuellen zeitgemäßen Umgangsformen."

Einstellen auf die andere Kultur

Es dauert weniger als 11 Stunden, von Frankfurt nach Shanghai zu fliegen. Ungefähr 8.800 Kilometer sind zu überwinden. Der Flugreisende steigt aus, streckt sich einmal und befindet sich schlagartig in einer gänzlich anderen Kultur.

Früher, als zur Überwindung der Distanz noch eine viele Monate dauernde Schiffsreise einzuplanen war, konnte sich der Reisende nach und nach auf die neuen Gegebenheiten einstellen.

Wie soll das in etwa 11 Stunden Flugzeit möglich sein? Wer sich nicht vor Reiseantritt ausgiebig über das andere Land, seine Sitten und Gebräuche informiert, riskiert im wahrsten Sinne des Wortes einen Kulturschock.

Je weiter sich der Reisende vom Flughafen ins Landesinnere entfernt, desto deutlicher wird das ‚wirkliche' Leben in der Fremde.

Basis-Informationen im Vergleich China-Deutschland

In folgender Tabelle werden Basisinformationen der beiden Kulturen nebeneinander dargestellt.

Land	Volksrepublik China	Deutschland
Flagge		
Fläche	9.596.960 km^2 (über 26 mal so groß wie Deutschland)	357.578 km^2
Einwohner	Ca. 1.400.000.000 (etwa 17 mal so viel wie Deutschland)	Ca. 83.000.000
Hauptstadt	Peking	Berlin
Millionen-städte	49 Millionenstädte Shanghai 26 Millionen Peking/Beijing 21,5 Millionen Guangzhou 12,5 Millionen Hongkong 7,4 Millionen	4 Millionenstädte Berlin 3,6 Millionen Hamburg 1,8 Millionen München 1,5 Millionen Köln 1,1 Millionen

Die Angabe zu den Einwohnern in den Millionenstädten wächst ständig. Je nach Quelle kann die Einwohnerzahl verschieden hoch angegeben sein.

Trotzdem: Allein schon in dieser Auflistung ist zu sehen, von welch extrem unterschied-lichen Ausgangssituationen ausgegangen werden muss.

Schina oder Kina?

Wie wird das Wort China ausgesprochen? „Schina" oder „Kina"?

Meistens, wird die erste Variante bevorzugt. „Schina" und „Schinese".

In Bayern, Österreich und anderen süddeutschen Gegenden hingegen wird manchmal das ‚harte K' bevorzugt. Ausgesprochen heißt es dann „Kina" beziehungsweise „Kinese".

Egal, wie die Aussprache ist, der Chinese bleibt der Chinese.

Stereotypen – das klischeebehaftete Bild

Im Vorwort wurde in leicht ironischem Unterton bereits auf klassische Vorurteile hingewiesen. Diese und andere sollen in folgender Tabelle aufgelistet sein. Bitte vergessen Sie nicht, dass es sich dabei um seit Generationen geprägte ‚Bilder' handelt.

Stereotypen ergeben sich in Kulturen zwangsläufig, um Andersartigkeit von eigenem Verhalten abzugrenzen.

Ein Stereotyp ist das vereinfachte, feststehende Urteil zu Personengruppen (bestimmter Kulturen).

Da eine Person mit Fremden verschiedener Kulturen konfrontiert wird, neigt sie dazu, auch diese Kulturen voneinander abzugrenzen. Diese Abgrenzung erfolgt, um die Unterschiede der verschiedenen Kulturen klarzumachen.

Sehr häufig beziehen sich Stereotypen auf beobachtetes Verhalten sowie auf sichtbare Dinge (Kleidung, Hautfarbe, Vorlieben). Damit ein Stereotyp zu einem solchen werden kann, muss er sich zwangsläufig von eigenem Verhalten und von eigenen Anschauungen unterscheiden.

Der kleine Denkfehler, der beim Stereotypen Denken gemacht wird, besteht darin, dass die beobachteten Unterschiede auf <u>alle</u> Menschen der anderen Kultur übertragen werden.

So heißt es nicht etwa: „Ich habe in Hongkong einen Chinesen gesehen, der mir rücksichtslos schnell und gleichzeitig mit seinem Smartphone telefonierend entgegenkam."

Sondern: „Alle Chinesen in Hongkong kommen einem rücksichtslos schnell und gleichzeitig mit dem Smartphone telefonierend entgegen."

Das Verhalten einer einzelnen Person wird auf eine Gruppe oder gegebenenfalls sogar auf ein komplettes Volk übertragen.

Dankbare Vielfalt der (Charakter-)Eigenschaften

Wenn wir überlegen, dass dem Ostfriesen andere Charaktereigenschaften als dem Bayern nachgesagt werden, dass die Aussprache im Rheinland unterschiedlich von der in Sachsen ist, dass bestimmte Landesgesetze in Thüringen vom Nachbarland Hessen deutlich abweichen, ist nachvollziehbar, wie (fast unendlich) unterschiedlich diese und andere Merkmale in dem riesengroßen Land China sein müssen.

Bei der Recherche zum vorliegenden Buch wurden etwa über 100 Passanten befragt. Sie wurden gebeten, ihre Kenntnisse zum Stereotypen Denken der chinesischen und deutschen Kultur zu verraten.

In der folgenden Übersicht sind verschiedene Beispiele für Stereotypen aufgelistet.

Gegenüberstellung Stereotypen Chinesen und Deutsche

	Der Mensch
Chinese	**Deutsche**
Hat schwarze Haare, waagrechte Augenpartien, ist schlank und zierlich.	Hat blonde Haare, runde Augen und ist kräftig gebaut.
Ist ausgesprochen höflich und selbst beherrscht.	Zeigt sich lässig, doch manchmal aufbrausend.
Bezeugt dem ‚alten Menschen' sehr große Hochachtung.	Fokussiert sein eigenes Fortkommen.
Lächelt ständig.	Zeigt eine unemotionale Mimik.
Kann kein ‚r' aussprechen.	Kann den Japaner nicht vom Chinesen unterschieden.

	Essen und Trinken
Chinese	**Deutsche**
Ist beim Essen sehr gesellig. Alle Essenden bedienen sich aus verschiedenen Schalen, die auf einer runden, drehbaren Platte auf dem Tisch stehen.	Bevorzugt einen eigenen Tisch. Die Essensauswahl wird vorher bestellt und nacheinander serviert und verzehrt.
Isst nur mit Stäbchen.	Isst überwiegend mit Messer und Gabel.
Kann nicht mit Messer/Gabel umgehen.	Kann nicht mit Stäbchen umgehen.
Schlürft beim Essen, rülpst und gibt laute, schmatzende Geräusche von sich.	Verspeist sein Essen ohne Geräusche.

Bevorzugt Reis.	Bevorzugt Kartoffeln.
Isst die Suppe am Ende des Essens.	Isst die Suppe zu Beginn des Essens.
Hält die Suppenschale direkt vor den Mund.	Lässt Geschirrteile auf dem Tisch stehen.
Lässt immer einen Essensrest übrig.	Ist den Teller komplett leer.
Trinkt gerne grünen Tee.	Trinkt gerne Kaffee.
Trinkt sehr viel Alkohol.	Trinkt viel Bier und Wein.

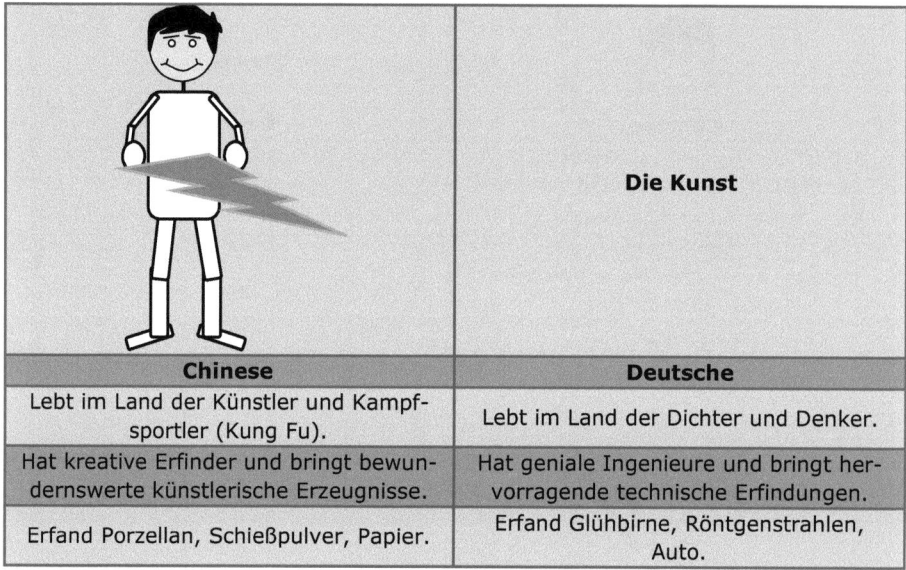

Die Kunst

Chinese	Deutsche
Lebt im Land der Künstler und Kampfsportler (Kung Fu).	Lebt im Land der Dichter und Denker.
Hat kreative Erfinder und bringt bewundernswerte künstlerische Erzeugnisse.	Hat geniale Ingenieure und bringt hervorragende technische Erfindungen.
Erfand Porzellan, Schießpulver, Papier.	Erfand Glühbirne, Röntgenstrahlen, Auto.

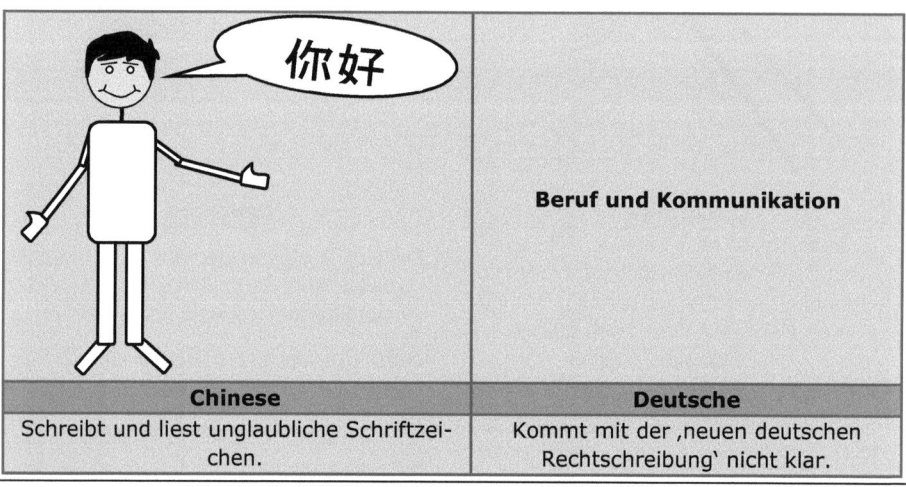

Beruf und Kommunikation

Chinese	Deutsche
Schreibt und liest unglaubliche Schriftzeichen.	Kommt mit der ‚neuen deutschen Rechtschreibung' nicht klar.

Ist ein fantastischer Tischtennisspieler.	Ist ein fantastischer Fußballer.
Ist zeitlich ‚flexibel'.	Ist pünktlich.
Sagt ‚Ja' nicht zwangsläufig als Zustimmung einer Vereinbarung, sondern als Bestätigung des Gehörten. Vermeidet das ‚Nein'.	Gilt als sehr zuverlässig. Absprachen und Termine werden in der Regel eingehalten.
Respektiert ausgeprägte Hierarchien im Beruf und in der Gesellschaft.	Favorisiert flache Hierarchiestufen im Berufsleben.
Arbeitet lieber als ‚Einzelkämpfer'.	Arbeitet bevorzugt als ‚Teamplayer'.
Ist sehr ehrgeizig und leistungsorientiert.	Bevorzugt die Life-Work-Balance und arbeitet zielorientiert.

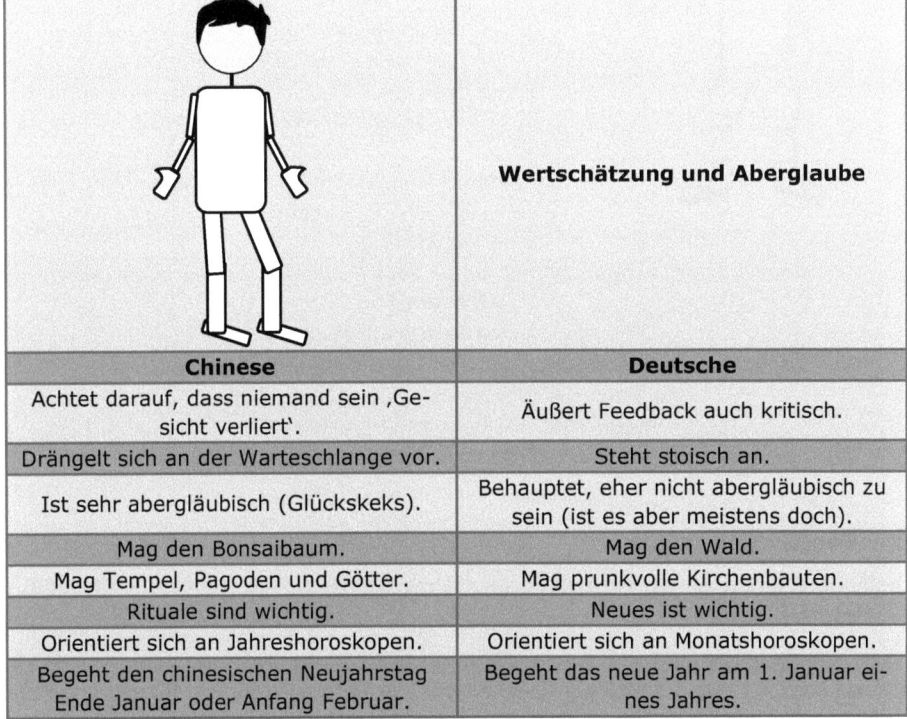

Wertschätzung und Aberglaube

Chinese	Deutsche
Achtet darauf, dass niemand sein ‚Gesicht verliert'.	Äußert Feedback auch kritisch.
Drängelt sich an der Warteschlange vor.	Steht stoisch an.
Ist sehr abergläubisch (Glückskeks).	Behauptet, eher nicht abergläubisch zu sein (ist es aber meistens doch).
Mag den Bonsaibaum.	Mag den Wald.
Mag Tempel, Pagoden und Götter.	Mag prunkvolle Kirchenbauten.
Rituale sind wichtig.	Neues ist wichtig.
Orientiert sich an Jahreshoroskopen.	Orientiert sich an Monatshoroskopen.
Begeht den chinesischen Neujahrstag Ende Januar oder Anfang Februar.	Begeht das neue Jahr am 1. Januar eines Jahres.

Sie, liebe Leserin, lieber Leser, werden bei der einen oder anderen Auflistung bestimmt denken: „Trifft auf mich nicht zu." Das mag so sein, handelt es sich doch ‚nur' um ein Stereotypendenken.

Typisch Deutsch

Die Listen zeigen eine Gegenüberstellung China – Deutschland.

Da Sie, liebe Leserin, lieber Leser, hier in Deutschland aktiv sind oder werden wollen, widmen wir dem deutschen Durchschnittsmenschen eine weitere, noch tiefergehende Betrachtung.

Deshalb hier noch ein paar Angaben, was ‚typischerweise' zum Deutschen gehören soll.

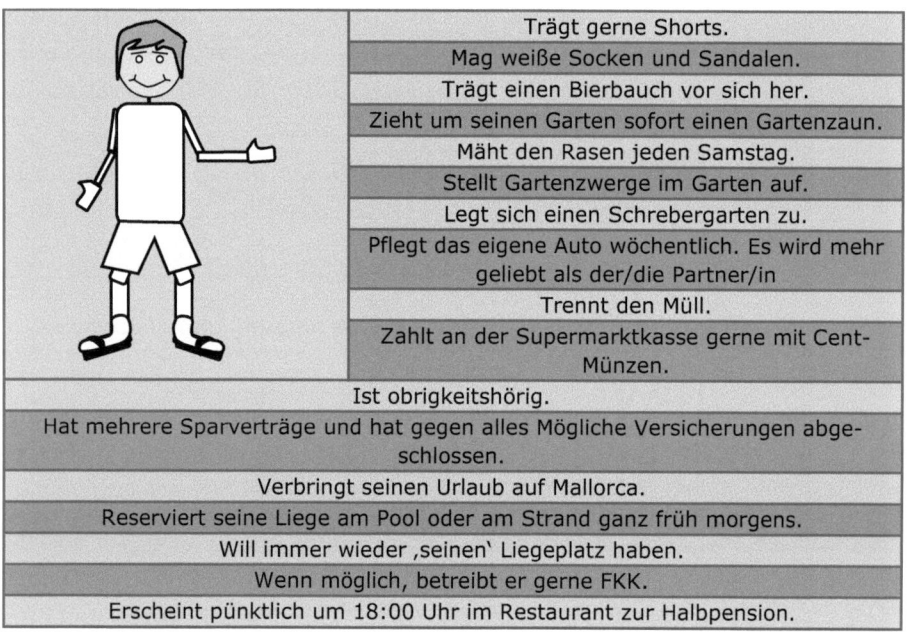

Trägt gerne Shorts.
Mag weiße Socken und Sandalen.
Trägt einen Bierbauch vor sich her.
Zieht um seinen Garten sofort einen Gartenzaun.
Mäht den Rasen jeden Samstag.
Stellt Gartenzwerge im Garten auf.
Legt sich einen Schrebergarten zu.
Pflegt das eigene Auto wöchentlich. Es wird mehr geliebt als der/die Partner/in
Trennt den Müll.
Zahlt an der Supermarktkasse gerne mit Cent-Münzen.
Ist obrigkeitshörig.
Hat mehrere Sparverträge und hat gegen alles Mögliche Versicherungen abgeschlossen.
Verbringt seinen Urlaub auf Mallorca.
Reserviert seine Liege am Pool oder am Strand ganz früh morgens.
Will immer wieder ‚seinen' Liegeplatz haben.
Wenn möglich, betreibt er gerne FKK.
Erscheint pünktlich um 18:00 Uhr im Restaurant zur Halbpension.

Der Deutsche im Urlaub

Haben Sie schon einmal ein typisch deutsches Touristenpaar in einem Strandurlaub beobachtet?

Sehr schnell haben sie zwei Sonnenliegen ergattert. Jede wird mit einem Handtuch, besser noch mit zwei Handtüchern sichtbar für alle anderen blockiert. Dann kommt das Lesematerial, eine Autozeitung und ein Liebesroman, auf den Beistelltisch. Schließlich fehlt nur noch die Sonnencreme.

Sie können verfolgen, dass das Pärchen täglich dieselben Sonnenliegen beansprucht. Interessanterweise liegen die Handtücher immer auf den Liegen, egal wie früh Sie selbst an den Strand kommen.

Der männliche Part des Paars fühlt sich unter Umständen dazu berufen, eine Sandburg zu bauen. Die darf natürlich nicht zu klein sein, ist mit einem Wassergraben und vor allem mit einer Mauer umgeben.

Und wenn er schon mal ins Bau-Fieber verfallen ist, baut er gleich eine kleine Sandmauer rund um die Liegen. Damit ist jedem klargemacht, dass es hier ein Hausrecht zu verteidigen gibt.

Wie zu Hause: Ein Zaun um das Häuschen, der Garten piekfein gepflegt, der Rasen wird wöchentlich gemäht. Alles muss seine Ordnung und seine Regeln haben – so erweckt es den Anschein.

Liebe Chinesin, lieber Chinese, natürlich sind nicht alle Deutschen so. Wir sprechen ja von Klischees.

So soll auch nur als ebensolches bezeichnet werden, dass der Deutsche ständig eine Wurst (bevorzugt eine Currywurst oder eine Bratwurst im Brötchen) verzehrt und dazu ein – am besten frisch gezapftes – Bier genießt.

Individuelle Personen mit eigenen Bedürfnissen

In den obigen Auflistungen (die noch deutlich verlängert werden könnten) und Betrachtungen ist gut zu sehen, wie unterschiedlich die Bewohner dieser beiden Kulturkreise gesehen werden.

Umso größer zeigt sich die Herausforderung, den fremden Menschen in erster Linie als individuelle Person mit eigenen Bedürfnissen zu erkennen.

Deshalb: Scheren Sie nicht jeden über denselben Kamm. Geben Sie jedem Einzelnen die Chance, sich als Individuum zu entwickeln.

Helfen Sie dem Fremden, sich schnell und möglichst problemlos in die hiesige Kultur einzuleben.

Chance der Vielfältigkeit

Emma: „Lian, hoffentlich bist du nun nicht erschrocken über die Behauptungen, die du über die Deutschen gehört hast. Sei nicht beunruhigt – es gibt unzählige verschiedene Charaktere.

Du wirst bestimmt auf Deutsche treffen, die statt der weißen Socken rote, blaue, grüne, braune, graue, gelbe, schwarze oder gar keine Strümpfe tragen.

Andererseits wirst du in den kommenden Monaten doch auf den einen oder anderen treffen, der das angegebene Klischee hautnah erfüllt.

Dann kannst du dich lächelnd an die oben gemachten Angaben erinnern."

Lian: „Das ist alles kein Problem. Ich bin hier, um in die deutsche Kultur einzutauchen und um andere Menschen kennenzulernen. Ich freue mich, die hier lebenden Personen zu treffen.

Abgesehen davon gibt es auch viele Chinesen, die das ‚r' problemlos aussprechen kön-
nen. Statt ‚Eulopa' sagen sie ‚Europa'.

Übrigens halte ich es mit Konfuzius (551 v. Chr. – 479 v. Chr.), der gesagt haben soll:
„Der Weg ist das Ziel."

Ich habe eine positive Einstellung. Lass uns losziehen."

Begleiten wir Emma und Lian zu den vier Themenbereichen Beruf, Gesellschaft, Restaurant und Aberglaube.

Helfen wir Lian, die Eigenarten der Deutschen leichter und schneller kennenzulernen. Lian soll sich zügig einleben können. Setzen wir alles daran, ihm zu zeigen, wie interessant und vielfältig das Zusammenleben in unserer Kultur ist.

Teil 2 – Beruf – 行业

Business as unusual

Zwei berufliche Kulturen ‚unter einen Hut' bringen

Man kann metaphysisch von Raum, Zeit, Materie, Welt ruhig wie von realen Dingen reden;
mit demselben Recht, wie ich ein Theaterstück in China spielen lassen kann,
ohne Chinesisch zu verstehen.
Walther Rathenau, dt. Politiker
(1867 - 1922)

Kontaktaufnahme und Geschäftserfolge

Neben den touristischen Gründen, Deutschland zu besuchen, ist der berufliche Austausch häufig.

Deshalb beginnen wir unsere Betrachtungen mit dem Themenbereich des Geschäftlichen.

Treffen Chinesen und Deutsche zusammen, um in geschäftlichen Kontakt zu kommen, darf bei weitem nicht von ‚business as usal' ausgegangen werden. Ganz im Gegenteil. Die Verhaltensmuster sind deutlich unterschiedlich.

Lassen wir zuerst Lian berichten:

Lian: „Im beruflichen Umfeld sind wir Chinesen in deutlichen Arbeitsstrukturen und Hierarchieebenen eingebunden. Von klein auf haben wir zu gehorchen, mehr oder weniger bedingungslos. Den Eltern, den Lehrern, den Vorgesetzten ….

Eigene, kreative Ideen umzusetzen, ist gar nicht so einfach. Bis ins kleinste Detail wird alles geplant und organisiert. Vorgaben sind unkritisch zu befolgen.

Wir lernen in den Schulen und den Universitäten ausgesprochen intensiv. Wöchentliche Kontrollen und Wissenschecks gehören zum üblichen Vorgehen. Wir wissen, dass eine strenge Ausbildung nur mit herausragenden Ergebnissen den Zugang zum begehrten Arbeits- oder Studienplatz ermöglicht.

Es zeigt sich ein deutlicher Unterschied zwischen Deutschen und Chinesen an der Universität. Der Chinese büffelt und lernt alles Mögliche auswendig. Er ist jahrelang diesbezüglich trainiert und bekommt das gut hin.

Daraus folgt allerdings, dass die Fähigkeit, das Gelernte zu analysieren oder zu reflektieren und in eigene Zielsetzungen umzusetzen, überwiegend fehlt. Der Deutsche sieht eine neue, unbekannte Problemstellung und findet selbstständig Antworten dazu.

Diese Grundlage des Wissens wird gebraucht, einen Berufseinstieg zu finden, um anschließend beruflich erfolgreich werden zu können, sodass eine eigene Familie gegründet und ernährt werden kann. Die eigenen Kinder werden später nach demselben Muster erzogen.

Im Gegensatz zu Deutschland sind die hierarchischen Strukturen in meinem Heimatland sehr deutlich erkennbar und im Umgang miteinander unbedingt zu berücksichtigen. Nur so kann das System funktionieren.

Das Geschäftstreffen

Nehmen wir als Beispiel ein Geschäftstreffen. Am besten darauf achten, wer bei einem Geschäftstreffen als erster den Raum betritt. Wer zuerst den Raum betritt, ist der Ranghöchste.

Sollte der Ranghöchste später eintreffen, werden alle Anwesenden sofort aufstehen, damit dieser Platz nehmen kann. Dann setzen sich die Anwesenden selbst wieder hin.

Ist das geschäftliche Treffen beendet, verlassen alle Anwesenden vor den Gastgebern den Raum!

Merkst du Emma, die Regeln sind ganz einfach. Es gibt kein Vertun. Peinliche Situationen sind fast ausgeschlossen, da jeder genau weiß, was von ihm erwartet wird.

Beruflicher Umgang

Körperkontakt im beruflichen Umfeld ist rar. So ist das Händeschütteln nur bei sozial gleichgestellten Personen üblich.

Die Hierarchie steht vor der Überlegung „Ladys first". Auch wenn Frauen anwesend sein sollten, wird der Ranghöchste als Erster begrüßt. Das Geschlecht spielt hier keine Rolle.

Und noch eines, Emma, die jüngere Person drückt durch einen gesenkten Blick deutlich Respekt dem Älteren gegenüber aus. In Deutschland würde das schon als Demutshaltung bezeichnet.

Das ist mit ein Grund, weshalb der Chinese auf Deutsche manchmal so unterwürfig wirkt.

Im Geschäftsleben ist es üblich, pünktlich zu sein. Bedauerlicherweise geschieht es immer wieder, dass chinesische Geschäftsleute in ihrer Zeit ‚flexibler' sind und die anderen warten lassen. Geschäftsleute aus Deutschland sollten trotzdem immer pünktlich (aber nicht überpünktlich) sein – es wird von ihnen erwartet.

Ein besonderer Umgang wird beim Austausch der Visitenkarten sichtbar. Die Karte wird mit beiden Händen überreicht, wobei eine kleine Verbeugung ausgeführt wird.

Die Visitenkarte wird mit beiden Händen entgegengenommen und nicht achtlos in die Hosentasche gesteckt. Im Gegenteil! Die Karte genau anschauen.

Mithilfe der Karte lässt sich nicht nur der Name erkennen, sondern auch die Position, die vertreten wird.

Fürsorge von ‚oben nach unten'

Die Wertschätzung älteren Personen und Höhergestellten gegenüber ist sehr stark ausgeprägt. Die Hierarchie untereinander lässt eine Kritik von unten nach oben nicht zu. Andererseits ist eine deutliche Fürsorge von ‚oben nach unten' üblich.

Die Hierarchie ist auch in der Art der Anrede erkennbar. Das hört sich für einen Ausländer recht kompliziert an.

Es ist unvorstellbar, dass ein ‚Untergebener' seinen Vorgesetzten nur mit seinem Familiennamen anspricht. Die Angabe der Position ist unbedingt erforderlich. Es heißt nicht „Herr Lee", sondern „Leiter Lee", beziehungsweise „Direktor Lee".

Sogar auf derselben Hierarchieebene ist es eher unhöflich, sich direkt mit Familiennamen anzureden.

Dem Familiennamen wird die Berufsbezeichnung vorangestellt: „Lehrer Hu", „Doktor Li", „Buchhalter Ma". Sind beide Gesprächspartner einander näher bekannt oder miteinander verwandt, ist die Erweiterung des Familiennamens mit „Alter Wu" oder „Kleiner Wu" üblich und auch ehrenwert.

So wird eine ältere Dame ohne weiteres respektvoll als die „Alte Lee" bezeichnet. Wäre diese Anrede in Deutschland korrekt?"

Das Aufeinandertreffen

Es ist noch gar nicht so lange er, da trug der deutsche Mann immer einen Hut, sobald er die eigenen vier Wände verließ. Ohne Kopfbedeckung unterwegs zu sein, galt als unschicklich und war entsprechend verpönt.

Begegneten sich unterwegs zwei bekannte Herren, ‚lupften' sie mit der rechten Hand den Hut um ein paar Zentimeter. Sie zeigten damit dem Gegenüber, dass sie in friedlicher Absicht unterwegs waren. Sie hatten keine Waffe unter dem Hut versteckt.

Gleichzeitig wurde der Kopf etwas geneigt, um die angedeutete ‚Demut' dem anderen gegenüber darzustellen.

Jüngere können sich das kaum vorstellen. Wo geht heute schon jemand mit Hut aus? Eine Kopfbedeckung dieser Art ist nicht (mehr) vorgeschrieben.

Die jungen Leute scheinen sich so zu kleiden, wie sie wollen. Je nach Mode werden ‚coolsten' Kopfbedeckungen getragen.

Manchem fällt in letzter Sekunde noch ein, seine Kopfbedeckung in Räumen abzunehmen, wenn er (zum Beispiel an der Universität) mit dem Professor oder einer anderen ‚Autoritätsperson' spricht.

Die Zeiten und Gepflogenheiten ändern sich – das ist auch gut so. Ob jemand außerhalb des Hauses eine Kopfbedeckung trägt oder nicht, ist ihm überlassen. Trotzdem gilt nach wie vor als korrekt, bei der Begrüßung die Kopfbedeckung abzunehmen (Ausnahme: Kopftuch bei Frauen).

Die Verbeugung

Treffen sich zwei Bekannte, behalten sie
ihre aufrechte Körperhaltung, während
sie aufeinander zugehen.
Sie befinden sich sozusagen auf gleicher
Augenhöhe.
Damit signalisieren sie einander, dass
sie ‚gleich viel wert' sind.

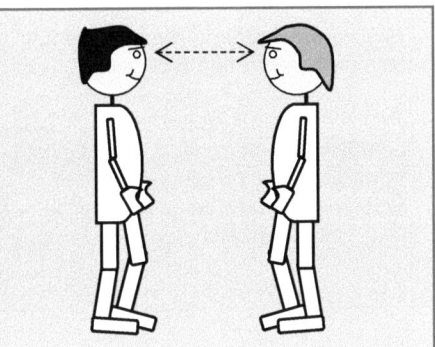

Die links abgebildete Person neigt den
Kopf ein wenig. In der Darstellung ist zu
erkennen, dass die Augenhöhe nun unterschiedlich ist.
Die rechte Person – etwas übertrieben
ausgedrückt – schaut auf die andere
hinab. Sie steht ‚über' der anderen Person.
Die linke Person macht sich kleiner. Sie
zeigt eine gewisse Demutshaltung der
anderen Person gegenüber.

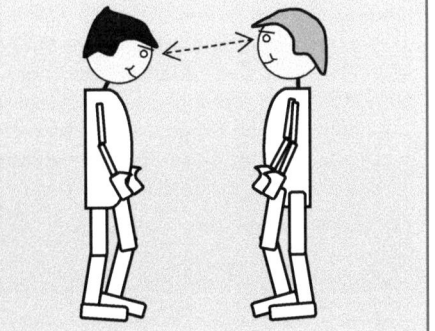

In diesem Beispiel neigt die linke Person
leicht ihren kompletten Oberkörper.
Diese Haltung entspricht der Darstellung in der Zeichnung darüber, wirkt
aber geringfügig ‚unterwürfiger'.
Beide Varianten sind in der heutigen
Zeit möglich und umsetzbar, wenn das
Gegenüber – freundlich gemeint – auf-
gewertet werden soll.

Hier wird der Oberkörper noch deutlicher nach vorn und gleichzeitig nach unten geneigt.
Im klassischen gesellschaftlichen und beruflichen Leben macht sich die links dargestellte Person viel zu klein.
Wertschätzen sich beide gleichartig, ist diese Haltung übertrieben und unnötig.

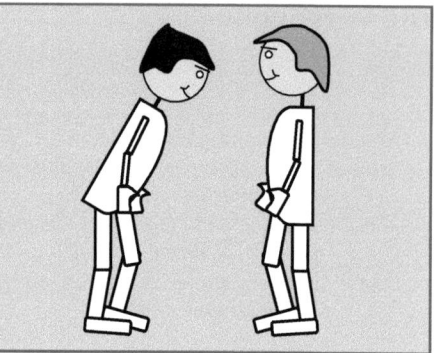

Hier zeigt sich eine erkennbare Ehrfurchthaltung der anderen Person gegenüber. Wird jemand einer deutlich(!) gesellschaftlich ranghöheren Person vorgestellt, kann diese Ehrfurcht durch die Haltung demonstriert werden.

Treffen Sie, liebe Chinesin, lieber Chinese, auf einen hiesigen Gesprächspartner, ist die erste Variante in Ordnung.

Wenn Sie wünschen, auch noch die zweite und dritte, aber nicht eine der letzten beiden.

Die Begrüßung

Wollen sich zwei Personen begrüßen, stehen sie sich einander in Augenhöhe gegenüber.

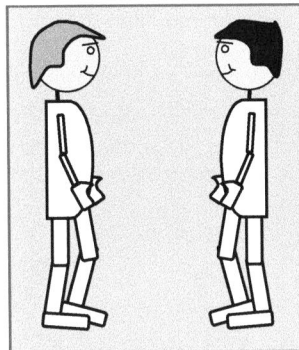

Strecken Sie Ihre rechte Hand aus, sodass sich die ausgestreckte Hand der anderen Person etwa in der Mitte zwischen Ihnen beiden trifft.
Achten Sie darauf, dass der Händedruck nicht zu lasch ausfällt.

Sollten Sie mehrere Personen nacheinander per Handschlag begrüßen wollen, beachten Sie den ‚Rang'. Die ranghöchste Person wird als erste begrüßt. Das sind ältere Personen, Damen (im Vergleich zu Herren) und beruflich Ranghöhere.

Sollten Sie unsicher sein, wer als ranghöher anzusehen ist, gehen Sie einfach ‚der Reihe nach'. Beginnen Sie an einer Seite und gehen nach und nach bis zur anderen Seite. Dabei ist es egal, von welche Seite Sie beginnen.

Der Händedruck

Die aufeinandertreffenden Hände sind etwa gleicher Höhe ungefähr in der Mitte der beiden Personen.

Der Händedruck ist spürbar und hält ein paar Augenblicke an.

Ein kräftiger Händedruck zeigt Selbstbewusstsein und Autorität. Erfolgt der Händedruck zu intensiv, riskiert der Grüßende, dass der Gesprächspartner ‚Angst' bekommt. Vielleicht schmerzt der Händedruck sogar.

In Zukunft würde er vermeiden, einen Händedruck auszutauschen. Eine körperliche Distanz würden sich einstellen. Diese ist nicht gut fürs Geschäftliche.

Wirkt der Händedruck hingegen zu lasch, wird Schüchternheit, Unterwürfigkeit, Schwäche empfunden. Auch das wäre nachteilig für das folgende Geschäftliche.

Hält der Händedruck zu lange an, kann das Verhältnis als ‚zu intim' gelten. Ist er hingegen zeitlich zu kurz bemessen, könnte sich die Frage stellen, ob der eine den anderen nicht mag.

So gilt für die Dauer des Händedrucks: nicht zu lang, nicht zu kurz.

Reicht einer der beiden die Hand ‚von oben', ließe das möglicherweise auf eine sichtbar gemachte Dominanz rückschließen: „Ich bin mehr wert als zu."

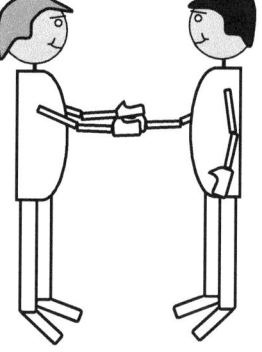

Manchmal legt einer die zweite Hand oben auf. „Du bist in meiner Hand. Ich bestimme, wo es langgeht."

Das mag sich alles leicht feindlich anhören – muss aber nicht zwangsläufig so gedeutet werden. Eventuell zeigt es nur die Freude darüber, einander zu treffen. „Ich will dich nicht so schnell gehen lassen. Hoffentlich haben wir genügend Zeit miteinander."

Das klingt positiver. Bei genauer Betrachtung versteckt sich doch wieder ein ‚fordernder' Wunsch.

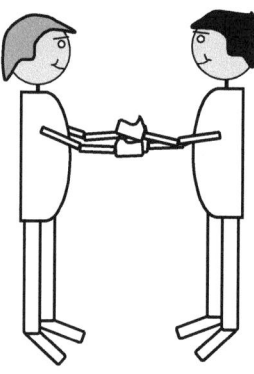

Wie könnte die erste Person reagieren? Sie legt einfach ihre zweite Hand auf die anderen Hände. Wer mag nun die Oberhand gewonnen haben?

Ein Pärchen begrüßen

Nehmen wir an, Sie befinden sich in Begleitung einer zweiten Person. Sie begrüßen ein anderes Paar. Um es gedanklich leichter zu gestalten gehen wir davon aus, dass jedes Paar aus einer Frau und einem Mann besteht.

Die Frau (grau dargestellt) steht rechts des Mannes (weiß dargestellt).

Zuerst begrüßen sich die beiden Damen. Die Frau ist dem Mann gegenüber ranghöher, weshalb sie zuerst aktiv wird.
Stehen zwei Personen nebeneinander, steht die ranghöhere Person immer rechts der anderen.

Jetzt begrüßen sich die beiden, die einander gegenüberstehen. Die Frau des rechten Paars reicht dem Herrn des linken Paars die Hand. Die Frau des linken Paars reicht dem Herrn des rechten Paars die Hand.
Bildhaft gesprochen reichen sich die Begrüßenden ‚parallel' die Hand.

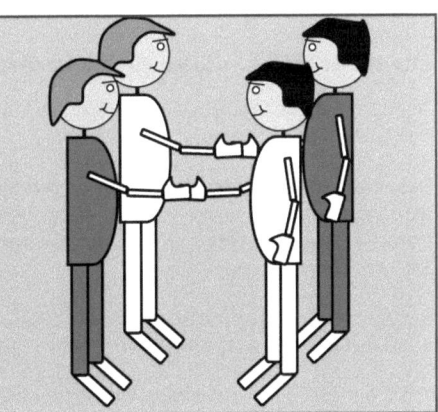

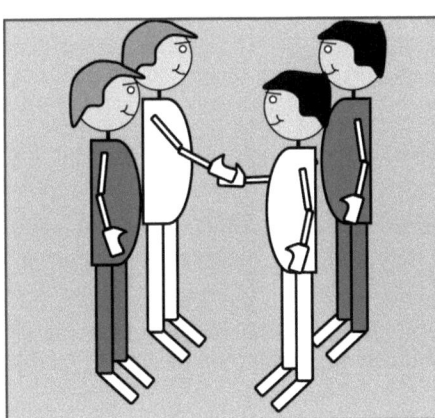

Nun fehlen noch die beiden Herren. Im dritten und letzten Schritt sind sie an der Reihe. Sie reichen sich die Hand, sozusagen ‚diagonal' im aus den vier Personen bestehenden Viereck.

Hände über Kreuz

Die deutsche Kultur ist christlich geprägt. Aus dieser Prägung geht bei der Begrüßung eine interessante Verhaltensweise vor.

Zwei Paare stehen einander gegenüber und wollen sich die Hand reichen. Einer streckt einen Arm vor, ein anderer gleichzeitig auch – aber, oh Schreck – die beiden Arme würden sich kreuzen! Sofort zuckt jeder mit einem verlegenen Lächeln den Arm zurück.

Weshalb dürfen die Arme bei der Begrüßung nicht gekreuzt werden? Es wird gemunkelt, dass beim Kreuzen der Arme ein Mensch sterben müsse. Der Aberglaube soll auf die Kreuzigung Jesus Christus zurückzuführen sein.

Ob Sie, liebe Leserin, lieber Leser, abergläubisch sind oder nicht, spielt dabei keine Rolle. Möglicherweise ist es Ihr Gesprächspartner.

Damit Sie ihn nicht in Verlegenheit bringen, vermeiden Sie das Überkreuzen der Arme. Gehen Sie wie oben beschrieben vor; dann sind Sie auf der sicheren Seite.

Du oder Sie? – Das direkte Ansprechen

In manchen Verhaltensweisen sind die Deutschen schon recht sensibel. Dazu gehört das Duzen oder Siezen.

Die meisten jüngeren Menschen duzen sich vorbehaltlos untereinander. Gerade dann, wenn sie privat unterwegs sind. Sie gehen aus in Clubs, treffen sich auf Partys oder bei Veranstaltungen. Um sich besser kennenlernen zu können, wäre das höfliche Siezen hier eher hinderlich.

Ab einem gewissen Alter – wobei dieses Alter schwer festzulegen ist (vielleicht dann, ab wann der Mensch verheiratet sein könnte) – wird sich meistens gesiezt.

Trifft ein jüngerer auf einen älteren Menschen, ist das Sie vorzuziehen.

Fremde sind zu siezen

Als gängige Regel im Berufsleben gilt: Fremde sind grundsätzlich zu siezen. Damit lässt sich nichts falsch machen. Sollten sich die beiden in Zukunft duzen wollen, kann die ältere Person der jüngeren das Du anbieten.

In einigen Sprachen, beispielsweise in der englischen, wird ‚you' für ‚Du' und für ‚Sie' verwendet.

So kommt es immer wieder vor, dass ein Besucher aus dem Ausland den (unbekannten) Deutschen – unüberlegt – mit Du anspricht. Hier kann sich mancher Angesprochene unangenehm berührt fühlen.

Es kann sein, dass das folgende Gespräch nicht ganz so harmonisch verläuft wie erwartet. Das kann gegebenenfalls sogar zum Abbruch der beruflichen Beziehung führen.

Wählen Sie immer dann, besonders, wenn Sie unsicher sind, die Sie-Variante. Es stellt überhaupt keine Schwierigkeit dar, vom Sie auf das Du zu wechseln. Der umgekehrte Weg ist nach hiesigen Umgangsformen gar nicht möglich.

Wer sich einmal duzt, bleibt in der Regel dabei. Sollten Sie, liebe Leserin, lieber Leser, merken, dass Sie unbedacht jemanden duzten, wechseln Sie einfach auf das Sie.

Falls Sie realisieren, dass Ihr Gesprächspartner Ihnen gegenüber das Sie verwendet, sollten Sie sowieso schleunigst in die höfliche Anrede mit dem Sie gehen.

Herr oder Dame? – Die direkte Anrede

Wer soll zuerst begrüßt und angesprochen werden? Gibt es doch die eindeutige Regel, dass Frauen und Männer gleichberechtigt sind.

Deshalb werden bei der Kontaktaufnahme beide – Frau und Mann – gleichwertig berücksichtigt und wertgeschätzt.

Dank Jahrhunderte alter Prägungen durch die Etikette gibt es deutliche Regeln, wie jemand angeredet oder angeschrieben wird.

Frau oder Dame und Mann oder Herr?

Wird von einer einzelnen weiblichen Person gesprochen, kann – ohne Nennung des Nachnamens – ‚Dame' gesagt werden. Dame gilt höflicher und eleganter als ‚Frau'. Deshalb findet sich die Bezeichnung ‚Dame' eher bei festlichen Anlässen wieder. „Hast du die Dame mit dem eleganten Kleid gesehen?"

In eher ‚täglichen' Situationen hingegen ist es unüblich zu sagen: „Ich habe im Supermarkt eine Dame gesehen." Besser: „Ich habe eine Frau (oder Kundin) gesehen."

In der direkten Anrede – jetzt mit Nennung des Nachnamens – wird ‚Frau Mertens' und nicht etwa ‚Dame Mertens' gewählt.

Bei ‚Mann' und ‚Herr' gilt der ‚Herr' vergleichbar der ‚Dame' im eleganten Bereich. „Der Herr, der eben die Dame in die Oper begleitet." Im Supermarkt gilt wieder der ‚Mann'. „Der Einkaufswagen des Manns war halb voll."

In der direkten Anrede wird ‚Herr Mertens' und nicht etwa ‚Mann Mertens' gewählt. Das ist also anders als bei der weiblichen Anrede.

„Ich freue mich Sie zu sehen, Frau Mertens." „Wie geht es Ihnen, Herr Mertens?"

Herr und Frau

Sollen zwei Gäste begrüßt werden, ergibt sich zwangsläufig eine Hierarchie. Nämlich: wer wird zuerst angesprochen? Heißt es „Herr und Frau Mertens" oder „Frau und Herr Mertens"?

Tragen beide denselben Nachnamen und wird dieser nur einmal erwähnt, wird die Bezeichnung ‚Herr' – trotz aller geschlechtlichen Gleichberechtigung – vor der Bezeichnung ‚Frau' genannt: „Ich heiße Sie herzlich willkommen, Herr und Frau Mertens."

Wird der Nachname hingegen zweimal genannt, wird die ranghöhere Frau zuerst ange-sprochen: „Ich freue mich, Sie, Frau Mertens und Herr Mertens begrüßen zu dürfen."

Bei einer Begrüßung mehrerer Personen, zum Beispiel dann, wenn eine Rede gehalten wird und auf konkrete Namensbezeichnung verzichtet werden kann, heißt es: „Sehr geehrte Damen und Herren."

Akademische Titel

Schreiben Sie jemandem eine Mail oder einen Brief, stehen akademische Titel direkt vor dem Namen: „Frau Dr. (Doktor) Mertens." „Frau Professor Dr. Sabine Mertens." Das Wort ‚Professor' wird ausgeschrieben.

Trägt jemand mehrere Titel, wird in der direkten Anrede in der Regel nur der höchste Titel gewählt.

Der mit Titeln Angesprochene kann darum bitten, ohne diese angesprochen zu werden. Wird er allerdings einer dritten Person vorgestellt, wird der Titel wieder genannt.

Der neu Dazugekommene soll hören und wissen, mit welchem Titel sich jemand aus-zeichnen darf.

Durch Gesten Hinweise geben

Südeuropäer wie Italiener, Spanier, Griechen und andere, sprechen sozusagen ‚mit Händen und Füßen'. Ihre Körpersprache ist sehr ausgeprägt und lebhaft.

Der Einsatz der Körpersprache erleichtert die zwischenmenschliche Kommunikation.

Nicht nur das gesprochene Wort vermittelt das Gesagte. Nein, die Körpersprache beeinflusst die Kommunikation – das ist wissenschaftlich nachgewiesen – zu mehr als 50 Prozent.

Das dritte ‚Werkzeug' der Kommunikation, neben dem gesprochenen Wort, ist die Art und Weise wie gesprochen wird. Dazu gehören die Stimme, die Ausdrucksweise, die Betonung, die Sprechgeschwindigkeit, die Sprachmelodie sowie auch die eingelegten Sprechpausen.

Erscheint die Körpersprache in Europas Süden fast übertrieben, wird sie nach Norden hin zurückhaltender. Die Deutschen wirken besonders im Berufsleben mit ihrer Körpersprache nicht ganz so aufdringlich.

Noch defensiver ist die Körpersprache der Chinesen einzuordnen. Wo immer möglich, vermeidet der Chinese ausladende Gesten. Er hält die Armen näher am Körper, als es der Deutsche macht.

Wundern Sie sich nicht, wenn der Deutsche mit ausgestrecktem Arm auf Sie zukommt, um Sie zu begrüßen.

Er hat auch keine Scheu, mit ausgestrecktem Arm auf eine entfernte Sache zu zeigen.

Eine raumeinnehmende Gestik demonstriert Offenheit und Selbstbewusstsein.

Eng an den Körper angelegte Arme oder Hände verraten manchmal Unwohlsein, Schüchternheit oder Zurückhaltung.

Richtung anzeigen

Auf den folgenden beiden Bildern deutet der deutsche Gastgeber die Richtung an, in die der Gast gehen soll.

Der Gastgeber zeigt dem Gast den Weg, zum Beispiel dann, wenn durch einen Türrahmen gegangen werden soll.

Je nachdem, in welche Richtung sich die Tür öffnet, bleibt der Gastgeber stehen, um den Gast vorbeizulassen.

Mit der Hand (manchmal auch mit Unterstützung eines Fußes) hält er die Tür auf.

Die andere, ausgestreckte Hand gibt die Richtung vor, in die der Besucher gehen kann beziehungsweise soll.

Jemanden zu sich winken

Der Deutsche hat in der Regel keine Hemmungen, eine Person zu sich zu winken.

Der Chinese vermeidet dies nach Möglichkeit, gilt es doch als unhöflich, jemanden aus einer gewissen Distanz ‚zu sich zu befehlen'.

Muss er doch jemanden heranwinken, verhält er sich anders als der Deutsche.

Der Deutsche hebt einen Arm an, sodass der Unterarm nach oben zeigt, der Handrücken in Richtung zur anderen Person.
Danach bewegt er ein- bis dreimal die geöffnete Hand auf sich zu.

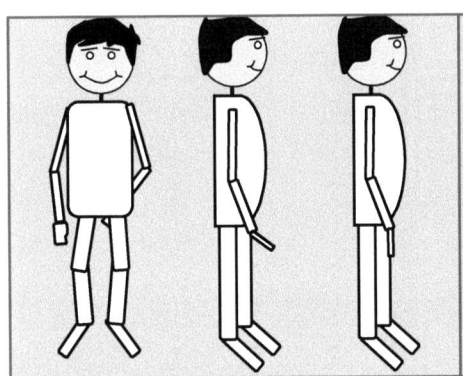

Der Chinese hält den Arm locker, fast ausgestreckt nach unten. Der Handrücken zeigt zur anderen Person. Nun wird die geöffnete Hand mehrmals nach vorn und hinten bewegt.

Die Gesprächsführung

Sie treffen sich zu einem Gespräch und wurden in ein Besprechungszimmer geführt.

Der Gastgeber weist Ihnen einen Platz zu.

Nehmen Sie dort Platz.

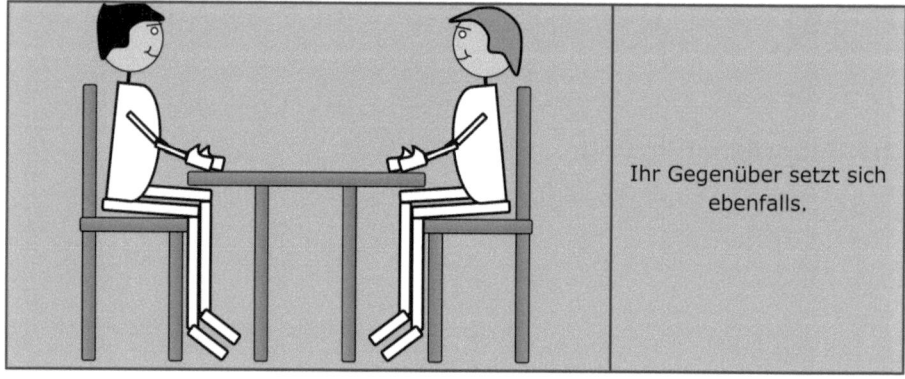

Ihr Gegenüber setzt sich ebenfalls.

Mancher begeht einen Fauxpas, wenn er sich unaufgefordert hinsetzt. Das gilt als unhöflich.

Beachten Sie eine kleine Überlegung: Sind Sie als Bewerber zu einem Vorstellungsgespräch eingeladen, setzen Sie sich in dem Augenblick, in dem auch Ihr Gesprächspartner Platz nimmt.

Damit wird eine gewisse Art der Achtung vor dem Gastgeber gezeigt. Die Köpfe sollen sich auf gleicher Höhe befinden. Vergleichen Sie hierzu einige Monarchien, in denen niemand ‚über‘ dem Regenten stehen darf.

Setzt sich der Monarch, müssen alle anderen auf die Knie, mit gebeugtem Rücken den Kopf deutlich nach unten halten, oder sich sogar auf den Boden legen (mit dem Bauch nach unten).

Gut, dass wir uns in einer Demokratie befinden.

Bequem Hinsetzen

Manch einer glaubt, vorn auf der Stuhlkante Platz nehmen zu müssen. Die Sitzfläche wird nicht komplett ausgenutzt.

Im übertragenen Sinne könnte das gedeutet werden als: „Ich mache mich nicht breit und nehme nicht zu viel Raum (Zeit und Platz) für das Gespräch in Anspruch.

Dieses Verhalten wirkt zu unterwürfig.

Scheuen Sie sich deshalb nicht, die komplette Sitzfläche einzunehmen.

Hin und wieder ist zu beobachten, dass jemand zwischen Rücken und Stuhllinie einen kleinen Abstand hält. Vor ein paar Jahren war das noch üblich, zumindest im akademisch und adelig geprägten Umfeld.

Die Sitzweise zeigt die Kontrolle über den eigenen Körper. Der Mensch saß ‚aufrecht‘, seiner Gesinnung entsprechend.

Während des Gesprächs können Sie ein Bein über das andere legen, sofern das für Sie eine angenehmere Sitzweise darstellt.

Körpersprachlich drückt diese Sitzhaltung nicht Negatives aus. Im Gegenteil, sie zeigt eine gewisse Vertrautheit.

Ausreden lassen

Durch die Prägung in der chinesischen Kultur wirken chinesische Gesprächspartner manchmal gehemmter, als sie von Natur aus sein könnten. Das leisere Sprechen, das Meiden des Blickkontakts und die umschreibenden Formulierungen verstärken das Bild.

In der hiesigen Kultur würde diese Vorgehensweise sicherlich als höflich bezeichnet werden.

Gleichzeitig besteht das Risiko, dass das gezeigte Bild der Körpersprache und der Ausdrucksform auch als leicht unterwürfig gedeutet werden könnte.

So ist es zum nächsten Gedanken gar nicht sehr weit. Nämlich, dass es sich um eine schwache Persönlichkeit handeln könnte.

Ist die Person schwach im Charakter, in der angebotenen Leistung, im Wissen? Solche Fragen könnte sich der deutsche Gesprächspartner stellen. Dadurch würde er in seinem Gesprächsverlauf abgelenkt werden und er baute ein schwächeres Bild von Ihnen auf.

Diese Strategie kann nach hinten losgehen. Der Gesprächsverlauf könnte sich schnell zum Nachteil des chinesischen Gesprächspartners entwickeln. Das muss und soll nicht sein.

Profil zeigen

So bleibt Ihnen, liebe Chinesin, lieber Chinese, fast gar nichts anderes übrig, als Profil zu zeigen.

Überlegen Sie, Ihre Körpersprache deutlicher einzusetzen.

Das gilt auch für die Stimme: Reden Sie klar und deutlich. Das heißt natürlich nicht, dass Sie es übertreiben sollen. Sie hätten nichts davon, würden Sie als überheblich oder gar als arrogant abgestempelt werden.

Bleiben Sie höflich und zuvorkommend. Überlegen Sie im Vorfeld des Gespräches genau, zu welchem Ziel das Gespräch führen soll. Legen Sie sich im Vorfeld Ihre Argumente zurecht. Sagen Sie deutlich – trotz aller Höflichkeit – was Sie erwarten.

Beobachten Sie zwei deutsche Gesprächspartner, kann es schon einmal passieren, dass die Lautstärke zunimmt. Das muss nicht förderlich sein. Nicht derjenige, der lauter ist, hat zwangsläufig Recht.

Weiterhin kommt es immer wieder vor, dass der eine den anderen nicht ausreden lässt. Das widerspricht den aktuellen Umgangsformen. Lassen Sie den anderen aussprechen, so wie er auch Sie aussprechen lassen soll.

Wer sich positiv hervorhebt, kommt meistens leichter zum Ziel.

Smalltalk – Kontakte knüpfen

Emma: „Lian, du kannst dir gar nicht vorstellen, wie viele Leute Probleme haben, einen vernünftigen Smalltalk zu führen. Viele quälen sich durch peinlich empfundene Minuten, bis das tatsächliche Gespräch oder die Aktion beginnt. Manche denken auch, dass ein Smalltalk überflüssig ist, sodass sie ihn nur als ungenutzte und verschenkte Zeit ansehen.

Diese Überlegung ist fragwürdig. Ein vernünftig geführter Smalltalk öffnet sozusagen die Türen zum anschließenden Gespräch. Er bereitet den Weg für ein angenehmes späteres gesellschaftliches und geschäftliches Zusammenwirken vor.

Wenn es schon für den Deutschen so schwierig ist, einen lockeren aber trotzdem professionellen Smalltalk zu führen, wie schwierig mag es dann für einen ausländischen Besucher sein?"

Das Ziel des professionellen Smalltalks

Treffen zwei Personen beruflich oder privat aufeinander, kann ein Smalltalk unterschiedliche Ziele verfolgen. Gemeinsam bleibt ihnen, ein harmonisches Miteinander aufzubauen. So könnte als wichtigster Punkt gesagt werden, dass ein gewisses ‚Eis gebrochen' werden muss, um eine harmonische, angenehme Atmosphäre zu schaffen.

Manchmal muss nur eine überschaubare Zeit überbrückt werden, wie beispielsweise bei der gemeinsamen Fahrt mit einem Fremden in einem Aufzug. Anschließend trennen sich die beiden und sehen sich möglicherweise nie wieder.

In anderen Situationen – und das mögen die meisten sein – werden die beiden anschließend miteinander zu tun haben. Geschickt ist es deshalb, Gemeinsamkeiten zu finden. Gemeinsamkeiten verbinden; Erfahrungen diesbezüglich lassen sich gut teilen. Das bedeutet, dass Lebenseinstellungen, Vorlieben, Werte oder auch Hobbys gut für einen Smalltalk geeignet sind.

Auch wenn Sie, liebe Chinesin, lieber Chinese, nicht wissen, ob Ihr Gesprächspartner für Sie in Zukunft eine Rolle spielt, haben Sie die Chance, bei einem zwanglosen Zusammensein Ihr Netzwerk auf- beziehungsweise auszubauen.

Nutzen Sie die Chance, wenn Sie eingeladen sind. Sei es zu einer Feier, einem Jubiläum oder einer Netzwerkveranstaltung irgendeiner Art.

Wer weiß, vielleicht nutzen Ihnen die geknüpften Erstkontakte später einmal weiter. Es ließe sich sagen, dass der richtig eingesetzte Smalltalk dem ‚Selbst-Management' dient.

Bleiben Sie, sollten Sie auf einer dieser Veranstaltungen sein, nicht an einer Person ‚haften'. Nach einigen Minuten ist es Zeit, sich einer anderen Person oder einem anderen Grüppchen zuzuwenden.

Vielleicht schaffen Sie es ja, sich zu einem gerngesehenen Gesprächspartner zu machen.

„Where are you from?"

Viele Touristen aus Deutschland, die ein paar Urlaubstage in der Fremde verbringen, werden mit höchster Wahrscheinlichkeit mit der Frage „where are you from?" konfrontiert. Das ist eine harmlose Frage, die höchstwahrscheinlich jeder beantworten kann. Mit dieser Frage wird auch ein gewisses Interesse gezeigt.

Allerdings erlischt das Interesse bei manchem Fragenden recht schnell, wenn er mit dem Herkunftsort nichts anfangen kann. Nicht umsonst fügen die US-Amerikaner neben dem Wohnort den Bundesstaat hinzu: „El Paso, Texas". So ist zumindest im Ansatz eine gewisse geographische Orientierung möglich, gibt es doch allein 50 Bundesstaaten auf fast 10 Millionen Quadratkilometern in den USA.

Nun, China hat ungefähr die gleiche Landfläche. Das Wissen vieler Deutschen über Chinas Städte dürfte eher als mager bezeichnet werden. Welcher Hiesige kennt schon Chengdu, Tianjin oder Wuhan, um nur einmal einige Millionenstädte zu nennen? Shanghai, Peking und Hongkong dürften – zumindest dem Namen nach – bekannt sein. Dann ist Schluss.

Nennen Sie auf die Frage, woher Sie kommen, Ihre Heimatstadt, werden Sie schnell merken, dass Ihr Gegenüber nichts damit anfangen kann (Ausnahme, Sie kommen aus den erwähnten Städten Shanghai, Peking oder Hongkong).

Sie könnten Ihren Wohnort mit einer geographisch bekannten Gegebenheit (Fluss Jangtsekiang) oder einer von Menschenhand geschaffenen Sehenswürdigkeit (Mausoleum Qin Shihuangdi, Terrakotta-Armee) in Zusammenhang bringen.

Scheuen Sie sich nicht davor, auch wenn die Distanz viele 100 Kilometer darstellen sollte. Wir haben ja eingangs erwähnt, dass es dem Deutschen schwerfällt, sich die gigantischen Ausmaße der chinesischen Volksrepublik vorzustellen.

Über den Fluss beziehungsweise über die Terrakotta-Armee lässt sich dann möglicherweise die oben erwähnte ‚Gemeinsamkeit' mit dem Gegenüber entdecken.

Tabuthemen beim Smalltalk

Obwohl die Deutschen bei vielen Diskussionsthemen offen erscheinen, zeigen sie sich bei einigen Smalltalk-Themen eher zugeknöpft. Über einige Themen wird nicht gerne gesprochen, besonders dann, wenn Fremde anwesend sind.

Hierbei darf nicht vergessen werden, dass es sich um ein ‚kleines' ungezwungenes Gespräch handelt. Keineswegs soll eine hitzige Diskussion mit gegensätzlichen Meinungen entstehen. Das könnte sehr schnell geschehen bei Themen rund um Politik, Religion und Sport. Deshalb werden diese als Tabuthemen bezeichnet. Die Ausnahme wäre natürlich, befänden Sie sich auf einer politischen, religiösen oder sportlichen Veranstaltung.

Ebenso werden beim klassischen Smalltalk die Bereiche Krankheit und Tod vermieden. Um nicht ‚unter die Gürtellinie' zu geraten, lassen Sie Themen weg, die sich mit Sexualität befassen.

Im Gegensatz zu einigen anderen Kulturen bleiben Gehalt oder andere persönliche finanzielle Angelegenheiten unerwähnt.

Bei Partnerschaft und Familie sollte ebenso vorsichtig vorgegangen werden. Fragen Sie deshalb nicht nach Freund/Freundin, Frau/Mann, Partner/Partnerin. Viele leben allein und möchten das gewollte oder ungewollte Single-Leben nicht in den kommunikativen Austausch stellen.

Manche leben gleichgeschlechtlich zusammen, was sie auch nicht jedem auf die Stirne binden wollen.

Daraus folgt, dass auch die Frage nach Kindern oder Enkelkindern nicht in den deutschen Smalltalk passt.

Puh, nun ist mehr oder weniger umrissen, welche Gesprächsthemen ausgelassen werden sollen. Welche Themen eignen sich denn dann für den richtigen Smalltalk?

Lian: „Nur so nebenbei: Der Chinese vermeidet im Smalltalk auch die Themen Religion und Sexualität. Womit der Gesprächspartner ihn böse vor den Kopf stoßen könnte, sind Themen rund um Tibet oder Menschenrechte."

Smalltalk – geeignete Themen

Es eignen sich alle unverfänglichen Themen. Da es sich um einen Smalltalk (also nicht einen Bigtalk zur Geschäftsanbahnung) handelt, kann das Gespräch jederzeit abgebrochen werden, ohne dass das Gefühl entsteht, es würde etwas fehlen.

Vor allem eignen sich Themen, die mit Ihrem Herkunftsland zu tun haben. Welches sind die Gründe, die Sie nach Deutschland gebracht haben? Welche Herausforderungen haben sich für Sie in den ersten Tagen gestellt? Was konnten Sie schon (in Deutschland) besuchen beziehungsweise besichtigen?

Der nächste Themenbereich betrifft den Ort (Veranstaltungsort), an dem Sie sich aktuell befinden. Hier passen zum Beispiel die Lage (zum Beispiel im Grünen), die Anfahrt dorthin, die direkte Umgebung des Ortes, der Raum, in dem Sie sich befinden. Weisen Sie auf Besonderheiten des Raums hin.

Es empfiehlt sich, nichts Negatives über den Ort zu äußern. Das sollte Ihnen als Chinese aber nicht schwerfallen. Schließlich soll das Gespräch harmonisch verlaufen und immer in eine positive Richtung orientiert sein.

Nun könnten Sie sich auf den Anlass des Treffens einlassen. Irgendeinen Grund gibt es bestimmt, weshalb Sie sich gerade hier zusammenfinden.

Themenbereiche der Kunst, wie Filme, Oper, Theater, Konzert oder Literatur passen fast immer. Sollten Sie sich in einem Bereich sehr gut auskennen, protzen Sie trotzdem nicht ungewollt mit Ihrem Wissen.

Schließlich gehört der Freizeitbereich noch in den Smalltalk. Dazu gehören neben dem Hobby auch sonstige Freizeitgestaltungen, regionale Feste und gegebenenfalls auch Urlaubspläne.

Wenn es irgend möglich ist, lassen Sie das Wetter außen vor. Das Wetter muss nur dann herhalten, wenn wirklich nichts anderes mehr einfällt.

Verhalten im Smalltalk

Bedenken Sie bitte, dass Sie nicht allein im Smalltalk eingebunden sind. Sie sind ja mindestens zu zweit. Bedauerlicherweise fällt hin und wieder einer in einen endlosen Monolog. Das hat mit einem Smalltalk nichts zu tun. Schließlich wollen Sie einander kennenlernen und sich nicht gegenseitig belehren.

Geschickte Smalltalker stellen interessiert Fragen oder fragen nach. Auf der anderen Seite können sie sehr gut zuhören. Zeigen Sie Wissbegierde und Interesse an neuen Themenbereichen. Damit zeigen Sie Interesse und Aufmerksamkeit.

Sie, liebe Chinesin, lieber Chinese, zeigen überzeugendes Auftreten im Smalltalk, wenn Sie ein gewisses authentisches Selbstbewusstsein zeigen – nicht zu egoistisch, nicht zu unterwürfig.

Zeigen Sie sich rhetorisch gewandt, unabhängig davon, wie gut Ihre Deutschkenntnisse sind. Vermitteln Sie Einfühlungsvermögen und stellen Sie positives Denken und Heiterkeit dar.

Ihnen ein gutes Gelingen im Smalltalk und erfolgreichen Aufbau von neuen Kontakten, sowohl im beruflichen als auch im privaten Bereich.

Zeit – pünktlich sein

Die Deutschen nehmen es mit der Zeit sehr genau, besonders wenn es um vereinbarte Zeitpunkte oder Termine geht. Daraus folgt die Empfehlung, immer rechtzeitig am vereinbarten Ort zu sein. Kommen Sie lieber wenige Minuten früher.

Richten Sie Ihre Termine so ein, dass Sie pünktlich sein können. Bedauerlicherweise gibt es im öffentlichen Nahverkehr immer wieder Zug- oder Busausfälle. Obwohl von Pünktlichkeit geredet wird, hat der deutsche Nah- und Fernverkehr hier aktuell viel aufzuholen. Nehmen Sie lieber eine Bahn früher – dann sind Sie meistens auf der sicheren Seite.

Sie werden schon gemerkt haben, dass sich ähnlich wie in Ihrer Heimat Autofahrer stundenlang durch Staus quälen müssen. Egal, ob Sie die Autobahn wählen oder die Straßen in einer größeren Stadt. Allerdings: Zu spät kommen wegen Staus ist ‚out‘.

Gehen wir davon aus, dass Sie pünktlich eingetroffen sind. Der Smalltalk funktionierte reibungslos. Das anschließende Zusammensein verlief erfolgreich. Wann ist es Zeit, zu gehen?

Zeit zu gehen?

Achten Sie auf Kleinigkeiten der Gastgeber. Wurde vorher bereits ein Zeitfenster angegeben (zum Beispiel ‚zum Kaffee‘), neigt sich die vorgesehene Besuchszeit nach der klassischen Kaffeezeit dem Ende zu. Das Abendessen gehört also nicht mehr dazu.

Auch dann, wenn Sie vom Gastgeber aufgefordert werden, doch noch etwas zu bleiben, kann es sich hierbei um eine reine Höflichkeitsfloskel handeln. Fragen wie „Möchten Sie noch etwas trinken?" zeigen dem aufmerksamen Besucher, dass die Besuchszeit abgelaufen ist.

Wieso das? Sofern Ihre Gastgeber die Regeln in diesem Zusammenhang kennen, würden sie Ihnen eine Frage, die Sie mit „Nein" beantworten können, nicht stellen. Besteht der Wunsch, dass Sie noch ein Getränk wählen sollten, würde vorzugsweise alternativ gefragt. „Wünschen Sie noch eine Tasse Tee oder lieber ein Glas Wasser?" Dieser Alternativfrage darf dann mit dem Getränkewunsch entgegnet werden.

Also aufpassen – Ihr Gesprächspartner fragt Sie: „Haben wir noch etwas zu besprechen?" Er geht davon aus, dass alles gesagt ist. Es ist für Sie Zeit, das Gespräch zu beenden.

Ja sagen und Nein meinen?

Verklausulierte (chinesische) Formulierungen wie „Darüber können wir gelegentlich noch einmal sprechen" hören sich für den Deutschen positiv an. Er geht davon aus, dass das besprochene Thema nicht abgeschlossen, geschweige denn abgesagt wurde.

Er macht sich also noch Hoffnung. Es ist dann nur eine Frage der Zeit, bis er mit derselben Sache erneut auf Sie zukommt.

Deshalb empfiehlt es sich, lieber deutlicher zu formulieren. „Im Augenblick sehe ich keine Verwendung für Ihren Vorschlag." Nun ist dem Deutschen klar, dass er sich eine Absage eingehandelt hat.

Manchmal ist es schwer, offen ja oder nein zu sagen. Gerade Menschen, die eine Herausforderung mit dem Nein-Sagen haben, riskieren, von anderen ausgenutzt zu werden.

Wundern Sie sich nicht, sollten Sie auf eine Frage tatsächlich ein ‚hartes' „Nein" hören. Zumindest wissen Sie dann, woran Sie sind.

Haben Sie einen Wunsch oder eine Bitte, formulieren Sie deutlich und klar. „Stellen Sie mir bitte die Unterlagen bis Dienstag zusammen."

Unabhängig davon, ob verneint oder bejaht wird, bleiben Sie höflich. Ein schroffes Nein ist nicht immer so böse gemeint, wie es sich in Ihren Ohren anhören könnte.

Makelloses Outfit

„Lian: Wenden wir uns kurz dem beruflichen Outfit zu. Geschäftsleute sind perfekt und makellos gekleidet. Allerdings gehen sie sehr vorsichtig bei der Wahl der Kleidungsfarbe um. Auffallende oder knallige Farben sind verpönt.

Das ist mit ein Grund, weshalb chinesische Geschäftsleute auf andere so wirken, als wären sie alle gleichartig gekleidet.

Die Zurückhaltung im Umgang mit Farben lässt sich auch bei beruflichen Präsentationen oder bei Visitenkarten erkennen. Bei Visitenkarten lieber ein schwarz/weißes Layout wählen. Die Farbe Gold auf der Visitenkarte ist in Ordnung, da Gold Prestige bedeutet.

Am besten in Präsentationen ist es, auf provokante Symbolik und Zahlenspiele zu verzichten, speziell dann, wenn nicht immer die chinesische Bedeutung für Fremde sichtbar ist."

Schwächen zugeben

Emma: „Lieber Lian, nun haben wir einen Ausflug durch das typisch deutsche Berufsleben unternommen.

Selbstverständlich gibt es noch mehr Feinheiten, die bedacht werden könnten. Dazu kommen alle möglichen Ausnahmen, die ‚nach Gefühl' business like bewältigt werden sollen.

Die wichtigsten Themen allerdings konntest du erfahren und dich in sie hineindenken.

Einer der Vorteile eines ausländischen Besuchers wird immer sein, dass er Ausländer ist. Fast automatisch wird ihm deshalb viel nachgesehen.

Berücksichtigst du die vorgeschriebenen Vorgehensweisen, kannst du deutlich punkten. Manch einer deiner Gesprächspartner wird sich wundern, dass du relativ gute beziehungsweise korrekte Umgangsformen zeigst.

Er wird sich deshalb wundern, weil er dieses ansprechende Verhalten nicht erwartete. Umso besser für dich! Speziell im Vergleich zu anderen ausländischen Personen, die sich im Vorfeld keinerlei Gedanken über die hiesigen Umgangsformen machten.

Du musst keine Furcht haben, dich gelegentlich ‚falsch' zu verhalten. Stimmt das Gesamtbild, darf natürlich auch mal ein Schnitzer unterlaufen. Das ist akzeptiert.

Ein letzter Hinweis: Solltest du in einer Situation überfordert sein oder tatsächlich nicht wissen, wie du dich idealerweise verhalten solltest, sprich die Unsicherheit beziehungsweise das Nichtwissen offen an.

Im ersten Augenblick mag das wie eine Schwäche aussehen. Diese scheinbare Schwäche wandelt sich aber sofort in eine Stärke, weil du deine Unsicherheit offenbarst und um Hilfe bittest. Das wiederum ist ein starkes Verhalten.

Abgesehen davon: Nicht jede Geschäftsperson beherrscht alle Regeln perfekt.

Du wirst manch Überraschendes erleben – nicht erschüttern lassen. Welcher Mensch ist schon perfekt?

Die Regeln sollen lediglich für das reibungslose Funktionieren miteinander sorgen.

Je besser Geschäftspartner die Spielregeln kennen und befolgen, desto leichter wird das geschäftliche Miteinander. Gute Geschäfte!"

Teil 3 – Gesellschaft – 公司

Gesellschaftliches Näherkommen

Verhalten im privaten Bereich

> *Fragte mich ein Asiate um die Definition Europas, dann wäre ich gezwungen, ihm zu antworten:*
> *‚Es ist jener Teil der Welt, der von der unglaublichen Täuschung heimgesucht wird,*
> *dass der Mensch aus dem Nichts heraus geschaffen wurde'.*
> **Arthur Schopenhauer, dt. Philosoph**
> **(1788 - 1860)**

Immer nur lächeln?

Geschäftliches wird mit Gesellschaftlichem oft verknüpft. Viele Regeln, die im Beruf gelten, sind ebenso im gesellschaftlichen Umgang zu finden.

Je besser sich Personen kennen, desto ungezwungener kann der Umgang miteinander werden. Hören wir Lian zu, was er zur Körpersprache, zum Lächeln und zur Kommunikation meint.

Peinliche Situationen entkrampfen

Lian: „Öffentliche Körperkontakte wie Händchenhalten und Umarmungen zur Begrüßung und Verabschiedung kennen wir nicht.

Ich verbeuge mich vor Freunden beim ersten Treffen. Bei späteren Zusammenkommen verzichten die Jüngeren auf die Verbeugung und grüßen sich mit einem zwanglosen „Hallo".

Lächelt der Chinese, wirkt er sympathisch. Aus deutscher Sicht wirkt das ansprechend.

Da der Chinese möglichst in kein Fettnäpfchen treten will, vermeidet er alles, um unangenehme Situationen entstehen zu lassen.

Um peinliche Momente zu überbrücken, lächeln oder lachen Chinesen häufig. Aus ihrer Sicht entkrampft das peinliche Situationen.

Wenn der Chinese einen Fehler begangen hat, lächelt er, da ihm die Situation außerordentlich unangenehm ist.

Auch in Konflikten oder bei größeren Auseinandersetzungen lächelt der Chinese. Nicht etwa, weil er sich lustig über den anderen macht – sondern wegen der Peinlichkeit der emotionalen Situation.

So kommt es vor, dass jemand sogar auf einer Beerdigung lächelt.

Profis zeigen in allen möglichen Situationen Gelassenheit, lächeln häufig und agieren ruhig. Das wird als professionelles und überzeugendes Verhalten angesehen.

Schweiß und schnäuzen

Achtung Emma, etwas anderes: Das Schnäuzen der Nase wird in China als ein ausgesprochen unangenehmes Geräusch empfunden. Soweit möglich empfiehlt es sich, dafür ein stilles Örtchen aufzusuchen.

Weiterhin reagieren Chinesen äußerst empfindlich auf Schweißgeruch. Sie stellen mit allen möglichen Artikeln sicher, keinen unangenehmen Körpergeruch auftreten lassen.

Auch Schweißflecken auf der Kleidung, zum Beispiel unter den Achseln, gelten als ausgesprochen peinlich.

Umschreibende Formulierungen

Obwohl Fremde immer behaupten, wir Chinesen würden lautstark miteinander kommunizieren, sind wir im geschäftlichen Umgang doch eher zurückhaltend mit der Lautstärke und der Körpersprache. Wer schreiend jemanden überzeugen will, wird schwerlich Respekt gewinnen.

Obwohl eine klare und direkte Absage zwar grammatikalisch möglich ist, bedeutet sie aber in der Realität oft etwas anderes – manchmal bis hin zum Gegenteil.

Ich nenne dir ein Beispiel: Die Formulierung „Ich will es mir gut überlegen", hört sich gut an, bedeutet aber eine Absage. Auch: „Darüber reden wir noch einmal" versteckt eher folgende Information: „Darüber brauchen wir erst gar nicht weiterzureden".

Deshalb sollte der Fremde sehr gut aufpassen, was er äußert und was damit tatsächlich gemeint ist.

Diese Form der ‚höflichen' Ausdrucksweise wird gewählt, um eine direkte Konfrontation zu vermeiden.

Vor allem soll das Wort „nein" vermieden werden. Nein-Sagen gilt als ausgesprochen unhöflich, da dem Gesprächspartner durch die Absage ‚vor den Kopf' gestoßen würde.

Wird die höflichere Formulierung gewählt, kann jeder sein Gesicht wahren. Diese Vorgehensweise geschieht demnach aus einer Art Rücksichtnahme aufeinander.

Mianzi heißt übersetzt ‚Gesicht' und bedeutet ‚Gesicht wahren'. Niemand soll in eine unangenehme Situation gebracht werden.

Deshalb würde wohl kaum ein Chinese die Einladung „Das nächste Mal kommt ihr zu uns nach Hause" als echte Einladung ansehen. Es handelt sich lediglich um eine nette, keine Konsequenzen nachziehende Formulierung.

Die Kommunizierenden drücken sich höflich, zurückhaltend und wenig fordernd aus. Sie verwenden einfache, verständliche Sätze.

Direkte Meinungsäußerung vermeiden – indirekt wird die Meinung vermittelt

Hat ein Auftraggeber seine Arbeit schlecht erledigt, wird er deswegen nicht bloßgestellt. Er würde eher darauf hingewiesen, dass er bestimmt viele andere Arbeiten zu erledigen hat. Aus diesem Grunde würde er nicht mehr mit einem zukünftigen Auftrag belästigt.

In Verhandlungs- und anderen Gesprächssituationen ist demnach darauf zu achten, den asiatischen Gesprächspartner nicht in die Enge zu treiben, also rhetorisch nicht ‚festzunageln'.

Der Gesprächspartner soll immer das Gefühl haben, eine Alternative zu finden. Deshalb: Häufig loben. Viele Wörter, wie „vielleicht" und „ungefähr" sind passend.

Noch eine Information: Ein Nicken mit dem Kopf bedeutet nicht zwangsläufig eine Zustimmung, sondern eher „Ja, ich höre zu." Anders ausgedrückt – ja bedeutet nicht immer ja. Ja bedeutet, dass ich dir zuhöre, nicht, dass ich dir zustimme."

Distanzzonen

Jeder Mensch trägt eine unsichtbare Distanz-Wolke mit und um sich.

Der Abstand zwischen Wolkenaußenhülle und Körperhaut kann von Person zu Person, sowie von Kultur zu Kultur verschieden sein.

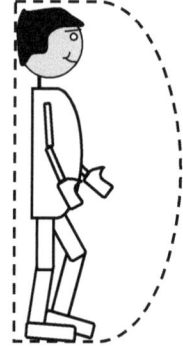

Einem Chinesen wird nachgesagt, dass seine Wolke stärker ausgeprägt ist, als die Wolke eines Deutschen.

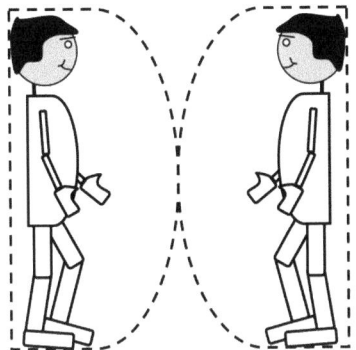

Stehen sich zwei Personen gegenüber, ergibt sich der Abstand zueinander automatisch.

Hierbei ist die Körperdistanz zueinander gemeint.

Kommt einer dem anderen zu nahe, wird dieser einen Schritt zurückweichen. Er schafft einen Ausgleich in den Abstand.

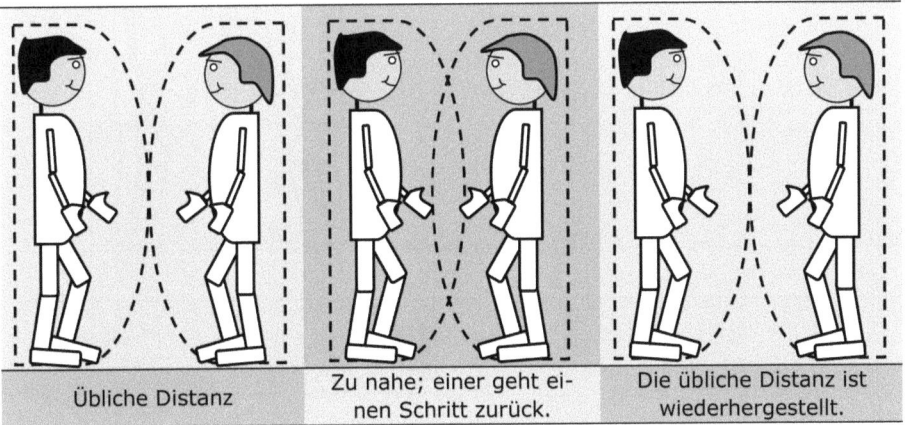

Übliche Distanz	Zu nahe; einer geht einen Schritt zurück.	Die übliche Distanz ist wiederhergestellt.

In hiesiger Kultur beträgt der Abstand zwischen 0 und bis zu etwas mehr als einem Meter. 0 bedeutet die direkte Berührung der anderen Person.

Die engste Distanzzone heißt persönliche Distanz beziehungsweise Intimdistanz.

Es ist die Distanz, die ein Mensch mühelos mit Einsatz der Arme verteidigen kann.

Stehen sich zwei Gesprächspartner gegenüber, wahrt ein jeder automatisch und üblicherweise die Intimdistanz des anderen.

In westeuropäischen Kulturen lassen sich vier verschiedene Distanzzonen unterscheiden.

0 – 50 cm – intime Distanz, Ausnahme beim Arzt, beim Friseur, beim Tanzen usw.

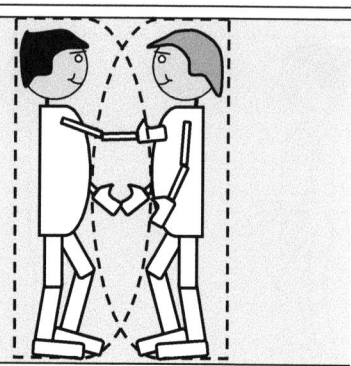

50 – 100 cm – persönliche Distanz, zum Beispiel beim Smalltalk.

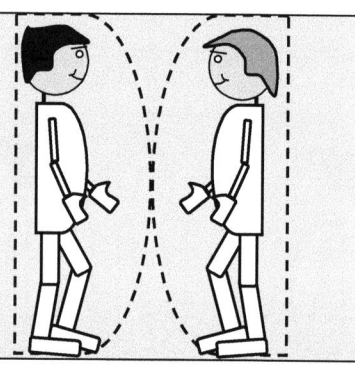

100 – 200/300 cm – gesellschaftliche (soziale) Distanz, Abwartezone, zum Beispiel nachdem jemand einen Raum betritt.

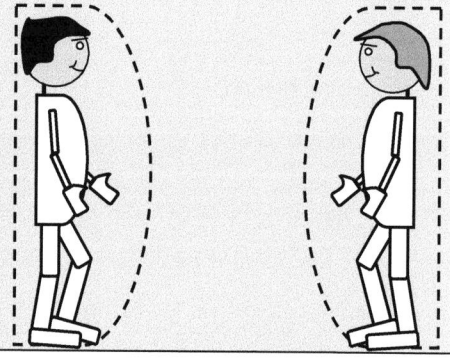

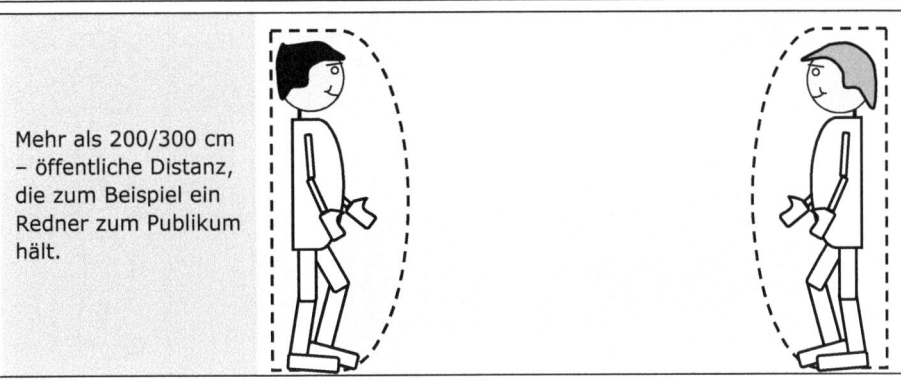

Mehr als 200/300 cm
– öffentliche Distanz,
die zum Beispiel ein
Redner zum Publikum
hält.

Da der Asiate und der Deutsche unterschiedliche Wolken-Umfänge haben, kommt es immer wieder zu ungewollten, zu unerwünschten räumlichen Annäherungen.

Nähert sich der Deutsche dem Chinesen in gewohnter Form, tritt er in dessen Intimzone ein. Der Chinese fühlt sich unwohl, bedrängt oder gegebenenfalls sogar bedroht.

Er versucht zu ‚fliehen' – um die für ihn übliche Distanzzone wiederherzustellen. Der Deutsche wundert sich, scheint der Chinese doch ‚das Weite' zu suchen. „Weshalb zieht er sich zurück? Was habe ich getan?" Das mag der Deutsche denken, ohne eine Antwort zu kennen.

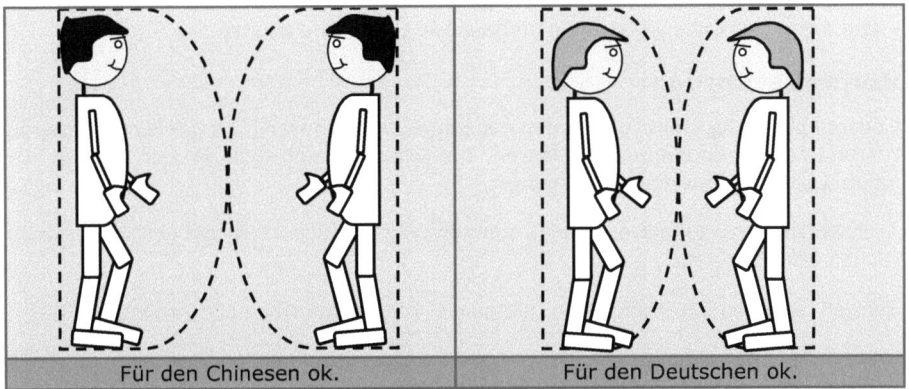

Für den Chinesen ok.   Für den Deutschen ok.

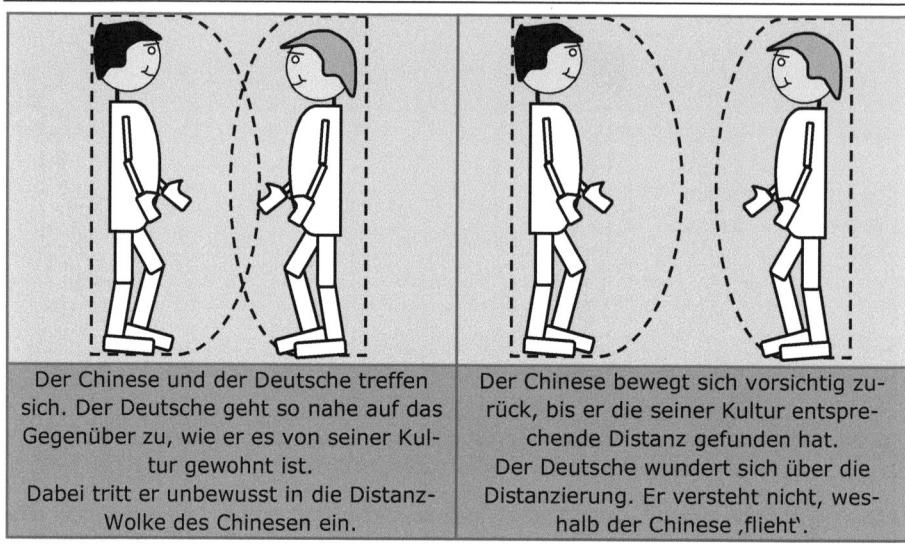

| Der Chinese und der Deutsche treffen sich. Der Deutsche geht so nahe auf das Gegenüber zu, wie er es von seiner Kultur gewohnt ist. Dabei tritt er unbewusst in die Distanz-Wolke des Chinesen ein. | Der Chinese bewegt sich vorsichtig zurück, bis er die seiner Kultur entsprechende Distanz gefunden hat. Der Deutsche wundert sich über die Distanzierung. Er versteht nicht, weshalb der Chinese ‚flieht'. |

Glücklicherweise würde der Deutsche nun versuchen, erneut auf sein Gegenüber zuzugehen, um die ihm übliche Distanz herzustellen. Es ergäbe sich erneut die Situation wie in der vorletzten Zeichnung dargestellt. Ein ewiges Hin und Her wäre die Folge.

Erst dann, wenn beide Gesprächspartner die unterschiedlichen Distanz-Zonen kennen – und achten – können Vertrauen aufbauende Gespräche beginnen.

Körperberührung

Generell pflegt der Chinese Fremden gegenüber deutlich wenig bis gar keine Körperberührung zu Stande kommen zu lassen. Die Distanz bleibt somit immer bewahrt. Die intime Distanz eines jeden ist gesichert.

Auch in Deutschland gab es wenige Jahrzehnte zurück deutlich weniger Körperberührungen als heutzutage.

Speziell zwischen Vater und Sohn galt zu viel körperliche Nähe als verpönt.

Heute sind Umarmungen für die meisten Deutschen denkbar, speziell dann, wenn Familienangehörige oder Freunde aufeinandertreffen.

Natürlich wird bei Erstkontakten nach wie vor die körperliche Distanz eingehalten. Im Gesellschaftlichen ist nach und nach die körperliche Annäherung möglich.

Liebe Chinesin, lieber Chinese, auch wenn es merkwürdig erscheint; die körperliche Annäherung bedeutet in der Regel keine sexuell gemeinte Zuneigung.

So sollten Sie keine Befürchtung (oder Hoffnung) haben, dass eine Berührung am Arm oder an der Schulter eine sexuelle Annäherung bedeutet.

Legt Ihnen Ihr Gegenüber freundschaftlich die Hand auf die Schulter, wird eine vertrauensvolle Zuneigung gezeigt.

Menschen, die sich nicht mögen, vermeiden Berührungen dieser Art.

Berührung bedeutet Nähe, Wärme, Freundschaft und andere. Keine Berührung bedeutet dann, Distanz bis zur Feindschaft.

Ein wichtiger Hinweis im beruflichen Zusammenhang. Der Ranghöhere nimmt sich das vermeintliche Recht der Berührung heraus. Der Rangniedrigere würde die Berührung ‚nach oben' nicht ausführen.

Da im Privaten die berufliche Hierarchie nicht existiert, steht eine mögliche Berührung jedem frei.

Sexuelle Berührung

Im Schatten der Me-Too-Bewegung und im Sinn der Vermeidung sexueller Belästigung, muss klar festgehalten werden, dass die Berührung von beiden akzeptiert sein muss.

Sendet der Berührte – auch nonverbale – Signale der Ablehnung aus, muss (!) Berührung sofort (!) eingestellt werden.

Vielleicht wollen Sie durch das Auflegen der Hand auf die Schulter oder Ellenbogen eine freundliche Zuneigung zeigen?

Sollten Sie sich unsicher sein, ob diese Geste nicht als möglicher (sexueller) Übergriff, sondern tatsächlich nur als eine freundliche Geste gesehen wird, überlassen Sie einfach dem anderen den ersten Schritt, die Nähe zu suchen.

Auch wenn es ungewohnt klingen sollte: Eine Nachfrage ist möglich. Beispielsweise bemerken Sie, dass Ihr Gegenüber wegen eines Schicksalsschlags stark trauert. Fragen Sie, ob Sie die Person umarmen dürfen, wenn Ihnen danach ist.

Ja heißt ja – nein heißt nein.

Freunde stehen zusammen

Ist es nicht schön zu beobachten, wenn Menschen miteinander kommunizieren? Es ist toll, wenn sich durch diese Kommunikation Wissen austauschen und Vertrauen aufbauen.

Sie lernen sich immer besser kennen und bilden vielleicht sogar ein freundschaftliches Miteinander.

Lian: „So zurückhaltend die Chinesen beim Einsatz ihrer Körpersprache sind, umso excessiver sind sie in verbaler Kommunikation.

Sie unterhalten sich laut, sehr laut, miteinander. Zumindest lauter als die Deutschen.

Außerdem lachen sie dann gerne miteinander – und sie lachen laut. Für deutsche Ohren wirkt das aufdringlich und unhöflich, manchmal sogar rücksichtslos.

Mir ist aufgefallen, dass Deutsche auch manchmal plötzlich lauter reden. Das wirkt dann bedrohlich auf mich. Die lautere Stimme wird bei Deutschen nicht nur eingesetzt, um ‚stärker‘ zu wirken, sondern auch, um etwas zu betonen.

Ist er verärgert und will er seinen Unmut kundtun, hebt sich der häufig die Stimme in der Lautstärke.

Weiter stelle ich fest, dass mancher Deutsche lauter zu mir spricht, weil er annimmt, ich sei der deutschen Sprache nicht mächtig. Er meint wohl, seine lautere Aussprache ließe ihn besser verstehen. Das lautere Reden ist nicht nötig, denn der ausländische Chinese ist ja nicht schwerhörig."

Freunde finden

Treffen sich zwei Unbekannte, lernen sie sich verständlicherweise als Fremde kennen. Ob der andere Interesse daran, Sie näher kennenzulernen, ist unbekannt. Aus Ihrer Sicht dürfte es hingegen wertvoll sein, Freunde zu finden – und zwar baldmöglichst. Gehen wir davon aus, dass Ihr Gegenüber auch an einem näheren Kennenlernen interessiert ist.

Wie ist vorzugehen? Natürlich benötigt es eine gewisse Zeit, sich ‚gegenseitig zu beschnuppern‘, um herauszufinden, was ‚der andere für ein Typ ist‘.

Lassen sich Gemeinsamkeiten finden, ist der Weg zu einer (guten) Bekanntschaft vorbereitet. Häufige Kommunikation, gegenseitiges Treffen, gemeinsame Unternehmungen überwinden die Stufen zu einer Freundschaft. Auch deutliche Unterschiede (zum Beispiel kultureller Art) eignen sich interessanterweise, um trotzdem Gemeinsamkeiten zu finden.

Freundschaften pflegen

Da eine Freundschaft beidseitig erfolgt, sollte beiden Beteiligten daran liegen, die noch zarte Freundschaft gut zu pflegen, aus- und aufzubauen. Mit einer einmaligen Kontaktaufnahme ist noch nichts erreicht.

Zwangsläufig werden in einer Freundschaft Kompromisse eingegangen – dafür sind die kulturellen Vorbedingungen zu unterschiedlich. Kompromisse helfen, kleine Hindernisse oder querliegende Steinchen aus dem Weg zu räumen.

Im Laufe der Zeit könnten Sie gemeinsam Ziele setzen und diese zusammen anstreben. Das verbindet miteinander und die Freundschaft wird intensiver.

Häufiges Lachen hilft, sollten Schwierigkeiten zu überwinden sein. Eine lang anhaltende Freundschaft ist wahrscheinlich – auch, sollten Sie wieder nach China zurückkehren.

Auf wertvolle Freunde!

Aus Nachbarn werden Freunde

Es ist wohl nicht immer so leicht, mit den lieben Nachbarn auszukommen. Einige Deutsche leben gerne zurückgezogen.

Schon in den ersten Stunden, ja sogar in den ersten Minuten – schon während des Einzugs – kann die Weiche gestellt werden, ob Sie in den nächsten Jahren harmonisch mit Ihren Nachbarn nebeneinander leben werden.

Da Ihre Nachbarn schon vor Ihnen da waren, haben sich oft sogenannte ungeschriebene Regeln (zum Beispiel ob die Kellertür geöffnet oder geschlossen bleibt; wer welchen Parkplatz als ‚seinen' bezeichnet und so weiter) entwickelt, die Sie nicht kennen können.

Gegen diese Ihnen unbekannten Regeln können Sie selbstverständlich ungewollt leicht verstoßen, ohne dass Ihnen bewusstwurde, Regeln missachtet zu haben.

Sie – aus China kommend – kennen sich mit den üblichen Umgangsformen des Gastlandes noch nicht gut aus. Sie verhalten sich ungewollt so, dass es schon in den ersten Stunden an Ihrem neuen Wohnort zu Missstimmungen kommen kann.

Nachvollziehbar, dass sich die Nachbarn dann ärgern. Einige Tipps, die helfen sollen, eine gute Nachbarschaft aufzubauen: Die Nachbarn schon bei der Wohnungsbesichtigung im Vorfeld freundlich grüßen.

Grüßen Sie am Tag des Einzugs freundlich – aber nicht unterwürfig – jeden Nachbarn. Falls sich ein kurzes Gespräch entwickelt, stellen Sie sich vor, weisen Sie darauf hin, dass umzugsbedingt

- leider Lärm entsteht

- die Eingangstür anhaltend offen steht

- der Aufzug länger blockiert ist

- und anderes

Ansonsten können Sie sich einen oder zwei Tage nach dem Einzug bei Ihren Nachbarn vorstellen. Gegebenenfalls bringen Sie eine Süßigkeit oder einen kleinen Blumenstrauß mit, vielleicht auch einen kleinen Glücksbringer aus Ihrer Heimat.

Wenn Sie wollen, bitten Sie nachträglich um Entschuldigung wegen der durch den Umzug entstandenen Unannehmlichkeiten.

Auf eine gute Nachbarschaft!

Die harmonische binationale Nachbarschaft

Wie Ihnen bekannt ist, nehmen es manche Deutsche mit den (Uhr-)Zeiten sehr genau. Nehmen Sie allein schon deswegen Rücksicht auf Ihre Nachbarn, indem Sie die Nachtruhe (22:00 Uhr bis 6:00 Uhr) einhalten. Berücksichtigen Sie die Sonn- und Feiertagsruhe.

Das heißt, dass an diesen Tagen verstärkte Lärmschutzregelungen gelten. Rasenmäher, Motorkettensägen, Heckenschere und vergleichbare Geräte dürfen dann nicht benutzt werden, Bauarbeiten sind verboten.

Aber auch in der restlichen Zeit können Sie Musik oder das Fernsehgerät so einstellen, dass sie in der Nachbarwohnung nicht mehr zu hören sind.

Die Weihnachtstage sind vielen ‚heilig‘ sowie mit unendlich vielen Traditionen verbunden.

Sie als Neuzugezogener aus dem Ausland bringen Ihre eigenen Essgewohnheiten mit. Schnell verbreiten sich ungewohnte Gerüche im Treppenhaus. Der Geruch, der Ihnen möglicherweise das Wasser im Mund zusammenlaufen lässt, wird von anderen herablassend als ‚Gestank‘ bezeichnet.

Wie soll hier eine harmonische Stimmung entstehen?

Na ganz einfach: Insgesamt etwas mehr Rücksicht aufeinander nehmen. Schon können Nachbarn friedlich nebeneinander und miteinander leben.

Wie in vielen anderen Fällen baut auch hier das Erkennen des ‚Menschen‘ hinter dem anonymen Namen einen persönlichen Bezug leichter auf. Er ist nicht nur ‚der neue Nachbar‘, sondern ‚Familie Lee‘.

Lian: „Das hört sich alles interessant an. Ich würde mich freuen, schnell Kontakt zu Einheimischen zu bekommen. Ich möchte mich mit ihnen unterhalten und lernen, worüber die Deutschen sich Gedanken machen, worüber sie lachen und was sie sonst noch bewegt.

Hoffentlich werde ich bald eingeladen oder darf selbst eine Einladung aussprechen.

Da fällt mir noch ein Emma: Solltest du bei einem Chinesen eingeladen werden, bleibe aus Gründen des Aberglaubens nicht auf einer Türschwelle stehen. Einen Raum immer direkt betreten."

Lächeln – immer nur lächeln

„Immer nur lächeln und immer vergnügt." Dieser Text ist in der Operette „Land des Lächelns" von Franz Lehár (österreichischer Komponist 1870 – 1948) zu hören. Das Lied wird vom chinesischen Prinzen Sou-Chong gesungen.

Lächeln drückt Unbeschwertheit, Sorglosigkeit und Freude aus. Als Land des Lächelns ist üblicherweise Chinas Nachbarstaat Japan bekannt. Das spielt für die Deutschen aber keine Rolle.

In deutscher Kultur gilt: Wer lächelt, hat nichts zu verbergen. Er schaut optimistisch ins Leben und freut sich seines Daseins. Unbekannten gegenüber verhält sich der Deutsche eher distanziert. Sobald zwei Personen miteinander bekannt sind, lächeln sie einander zu. Wird ein Fremder von einem anderen angelächelt, ist er irritiert. Er kann damit nicht umgehen und hat das Gefühl, dass der andere etwas ‚von ihm wolle'.

Deshalb sollte in diesem Zusammenhang der Chinese Fremden gegenüber mit dem Lächeln etwas vorsichtig sein. Schließlich sollen keine Irritationen oder Missverständnisse entstehen.

Lian: „Zum Thema Lächeln kann ich auch noch etwas sagen. Als ich hierherkam, lächelte ich – so wie üblich – auch wildfremde Menschen an. Die Reaktion der anderen konnte ich anfangs überhaupt nicht einordnen. Sie guckten mich teilweise ganz eigenartig an. Später erfuhr ich, dass die anderen dachten, ich wollte etwas von ihnen. Das war aber gar nicht so.

Also gewöhnte ich mir an, Fremde nicht mehr anzulächeln. Hin und wieder geschieht es aber, dass ich von wildfremden Menschen angelächelt werde. Einfach so. Das ist ein schönes Gefühl, worüber ich mich freue. Dann lächle ich natürlich auch zurück."

Freundlich bleiben

Emma: „Freundlichkeit und Höflichkeit sind in allen Kulturen bekannt und helfen dem unbeschwerten Zusammenleben. Das Thema ‚Lächeln' wurde deutlich von deiner und unserer Seite bearbeitet. Die möglicherweise auftretenden Missverständnisse, sobald der Chinese einen Deutschen in einer ‚kritischen' Situation offen angelächelt, wurden erwähnt.

Nehmen wir an, der chinesische Antragsteller lächelt, wenn er einen negativen Bescheid vom Gegenüber erhält. Das kann sehr schnell falsch verstanden werden. Der Chinese riskiert, dass ihm „der-macht-sich-lächerlich-über-mich" nachgesagt wird. Der Deutsche fühlt sich veralbert und reagiert unter Umständen (zwar unprofessionell aber trotzdem) distanzierter als vorab.

Das bedeutet natürlich nicht, dass gar nicht mehr gelächelt werden soll. Du sollst dir lediglich bewusstwerden, welche Konsequenzen ein freundliches Lächeln irrtümlicherweise erzielen kann.

Aber, lieber Lian, bleibe trotzdem so freundlich, wie ich dich kennenlernen durfte. Schenke mir jederzeit ein Lächeln!"

Spiele, Kampfkunst und Fußball

Lian: „Chinesen arbeiten viel und hart. Weltweit haben sie den Ruf, aus Nichts Geld zu machen. Trotz dieser Geschäftstüchtigkeit lieben sie es, zu spielen. Stellvertretend soll hierbei das Spiel Go gelten.

Go Go

Go ist ein uraltes chinesisches Brettspiel, das bereits in der chinesischen Antike gespielt wurde. Auf einem Brettspiel mit waagerechten und senkrechten Linien werden mit schwarzen beziehungsweise weißen Steinen Linien gelegt, die die gegnerischen Steine ‚gefangen‘ nehmen.

Da es fast unendliche viele Möglichkeiten gibt, die Steine abwechselnd zu platzieren, ergeben sich für die beiden Spieler immer wieder neue Spiel-Konstellationen. Millionen von Chinesen spielen dieses Spiel mit äußerster Leidenschaft.

Der Sperling – Mah-Jongg

Mindestens genauso gerne wird Mah-Jongg (auf Deutsch ‚Sperling‘) gespielt. 108 Spielsteine (Ziegel) sind im Spiel, die jeder der vier Spieler anfangs wie eine Mauer vor sich aufbaut. Die Oberseite eines Ziegels ist weiß, auf dem ein Symbol aufgemalt ist. Nach und nach werden die Ziegel von den Spielern ausgelegt mit dem Ziel, wertvolle Kombinationen zu erzielen.

Shaolin Kung-Fu und Taijiquan

Dienen die Spiele Go und Mah-Jongg dem Training der geistigen Fitness, halten viele Chinesen auch ihren Körper fit. Ziemlich bekannt dürfte hierbei die Kampfsportart Kung-Fu sein. Tatsächlich verstecken sich unter dem Begriff Kung-Fu etwa 360 verschiedene Kampfkunst-Stile.

Weiter ist Taijiquan bekannt, das die Deutschen als Schattenboxen bezeichnen. Obwohl sich das Wort Boxen recht aggressiv anhört, wird ja keine andere Person verletzt. Millionen Chinesen praktizieren täglich Taijiquan, oft gemeinsam auf öffentlichen Plätzen, in Parks oder auf Wiesen.

Diese Sportart soll eine Art Meditation darstellen. Die einzelnen Bewegungen verlaufen relativ langsam. Selbst bis ins höchste Alter erfreuen sich Chinesen an dieser Sportart.

Die Fußball verrückten Deutschen

Gibt es einen Deutschen, der mit Fußball nichts ‚am Hut‘ hat? Ja, den gibt es tatsächlich auch.

Viele Deutsche sind allerdings regelrecht vernarrt in Fußball. Ein Spiel jagt das nächste, eine Meisterschaft löst die folgende ab. Deutschland versinkt manchmal regelrecht im Fußballfieber.

Dabei sympathisieren die Anhänger mit irgendeinem Verein. Sie besorgen sich Fanartikel aller Art und schwören sich regelrecht auf ihren Verein ein.

Selbstverständlich lassen sie nichts auf die Spieler ihres eigenen Vereins kommen.

Genauso selbstverständlich sind die Fans die besseren Fußballspieler und können fachmännisch jede Strategie, jede Schrittfolge, jeden Schuss analysieren.

Klar, dass sich augenblicklich Gegenmeinungen bilden. Schon entsteht eine hitzige Diskussion. Diese kann sich über Stunden hinziehen, solange niemand den Austausch unterbricht. Diskussionen dieser Art werden gerne als ‚Stammtischgespräche' abgetan.

Passen Sie gut auf, für welchen Verein Sie sich entscheiden. Sie schaffen sich Freunde und (Fußball-) Feinde – unter Umständen fürs Leben.

Japan und China

Lian: „Oft sehen die Deutschen etwas als typisch chinesisch an, obwohl der Ursprung aus einer anderen Kultur kommt, zum Beispiel aus der japanischen. Bestimmt kennen Sie den klassischen Glückskeks, der zum Abschluss im Chinarestaurant gereicht wird. In ihm ist eine Glücksbotschaft versteckt. Der Brauch stammt ursprünglich aus Japan, wie auch die Winkekatze. Das ist eine mehrere Zentimeter hohe Katzenfigur. Ein Arm winkt unablässig und soll dem Besitzer Glück bringen.

Oft sind asiatische Menschen mit einem Mundschutz gegen schädliche Umwelteinflüsse zu sehen. Auch in diesem Fall ist der Mundschutztragende viel häufiger bei Japanern zu beobachten. Dort tragen sogar die meisten Taxifahrer weiße Handschuhe."

Niesen – Gesundheit

Es kribbelt in Ihrer Nase: Sie merken, gleich müssen Sie niesen? Nur keine Panik! Zuerst: Wenden Sie sich von Ihrem Gesprächspartner ab.

Versuchen Sie, so geräuscharm wie möglich zu niesen. Benutzen Sie, wenn möglich, ein Taschentuch. Niesen Sie in Ihre linke Hand! Die rechte Hand ist die Grußhand und sollte deswegen nicht als ‚Niesschutz' verwendet werden. Gegebenenfalls entschuldigen Sie sich kurz mit einem dezent gemurmelten „Entschuldigung".

Die anderen Anwesenden wünschen Ihnen nicht „Gesundheit". Dieser höflich gemeinte Wunsch ist überholt.

Benutzen Sie immer die linke Hand, wenn Sie niesen oder auch husten müssen. Sie kommen dann nicht in Verlegenheit, Ihrem Gegenüber die (rechte) Grußhand zu reichen, auch wenn Sie gerade einen Hustenanfall hatten.

Einige Menschen bevorzugen es, in die linke Armbeuge zu niesen oder zu husten.

An den Fingern abzählen

Wie in vielen Kulturen dieser Welt, zählen auch die Deutschen – sowie die Chinesen – mithilfe der Finger ab.

Dabei nimmt der Deutsche beide Hände zu Hilfe. Beim Zählen beginnt er mit dem Daumen einer Hand (1) und streckt dann jeweils einen weiteren Finger aus (2, 3, 4, 5). Ab der Zahl 6 nimmt er die zweite Hand zu Hilfe.

Der Chinese geht dabei ganz anders vor. Um die Zahlen 1 bis 9 darzustellen, genügt eine Hand. Erst bei der Zahl 10 kommt die zweite Hand zu Hilfe.

Für die 1 streckt der Chinese den Zeigefinger aus. Der Daumen wird erst bei der Zahl 5 gestreckt.

Bei der 6 werden von der geschlossenen Faust der kleine Finger und der Daumen nach außen gestreckt. Die 7 ist ungewöhnlich für den Deutschen. Daumen und Zeigefinger kommen zusammen, die anderen drei Finger bleiben nach innen gebogen.

Das deutsche O.k.-Zeichen steht für die Zahl 8. Und bei der 9 wird der Zeigefinger gekrümmt. Bei der 10 werden beide Zeigefinger übereinander gekreuzt.

In folgender Tabelle die Gegenüberstellung in Deutschland und China

	Deutschland	China
1		
2		
3		
4		

5	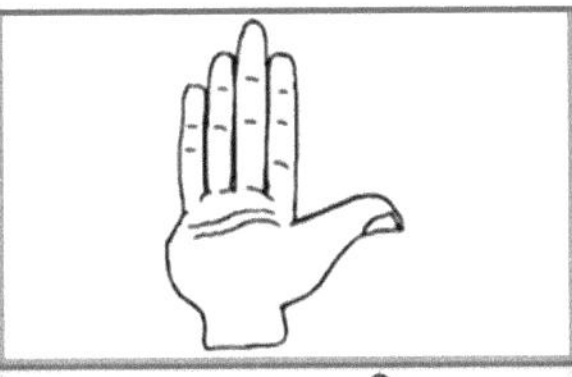	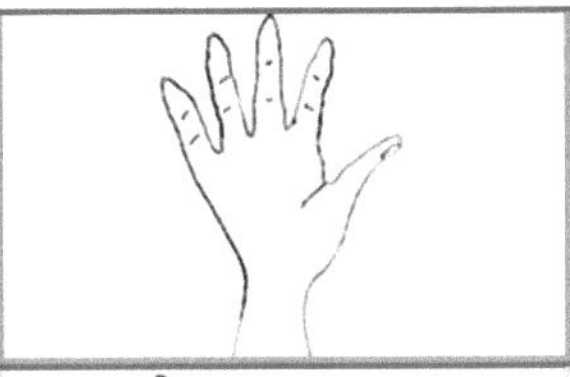
6	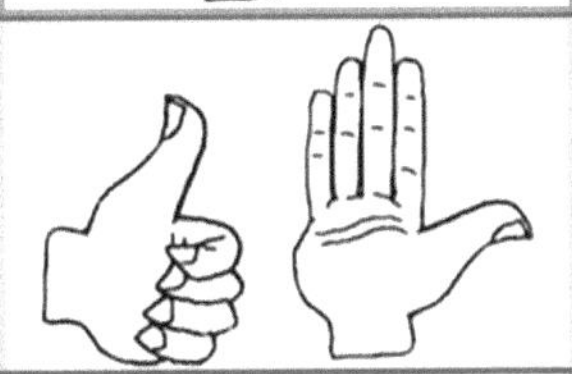	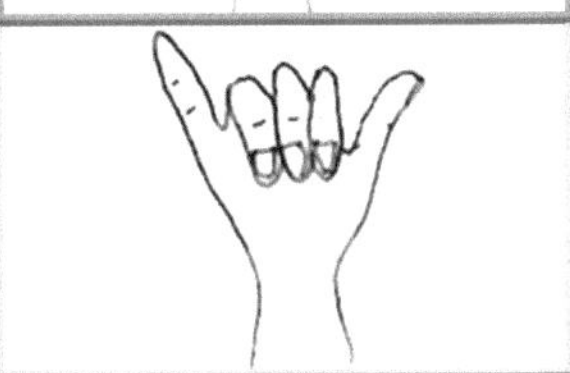
7	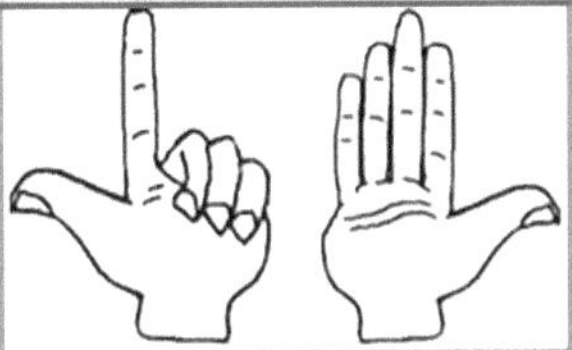	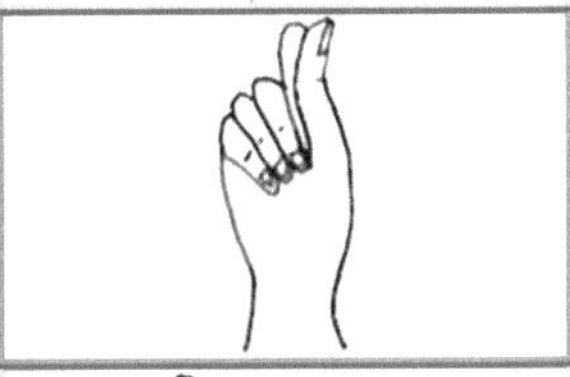
8	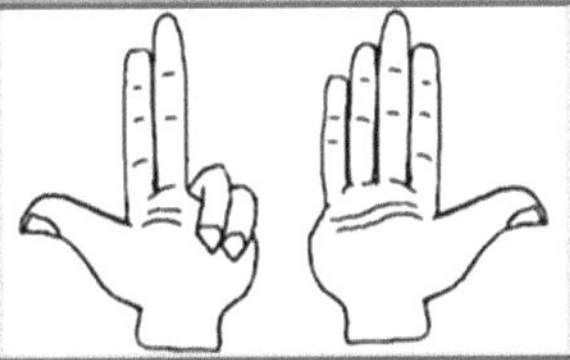	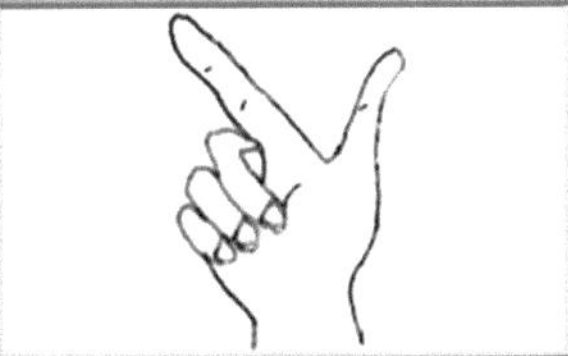
9	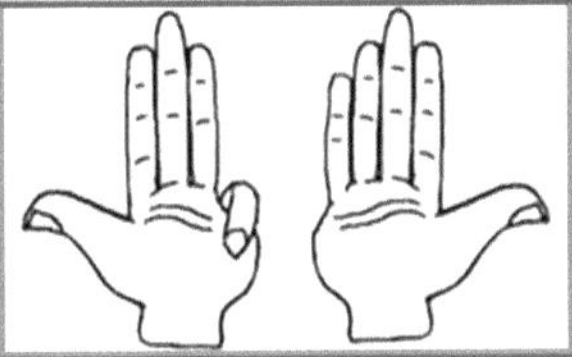	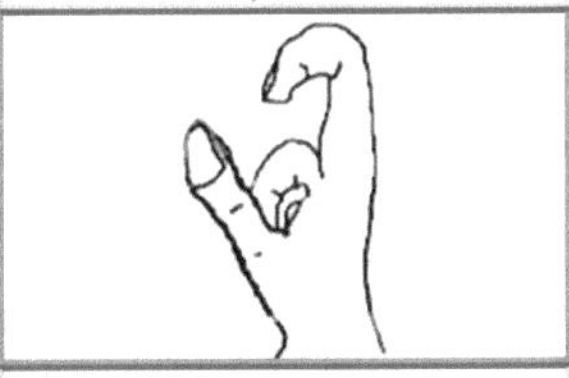
10	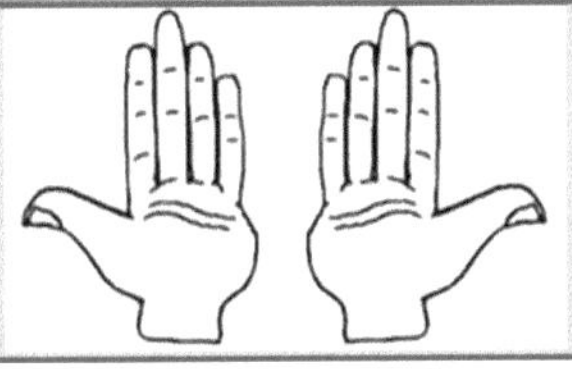	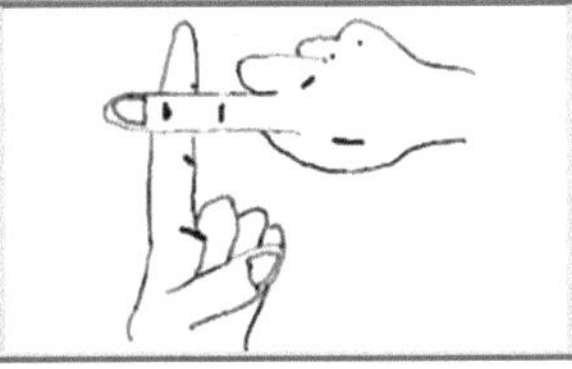

Ist Ihnen aufgefallen, dass die deutsche 2 wie die chinesische 8 aussieht?

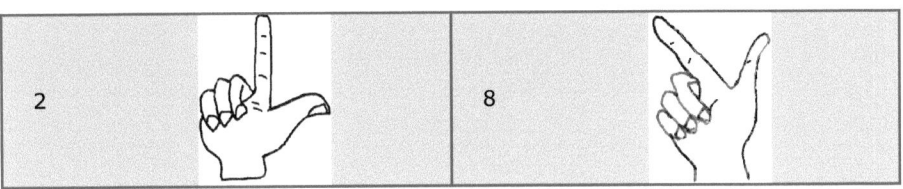

Hierzu wird immer mal wieder folgender Witz erzählt: „Zwei Deutsche sitzen in einer chinesischen Bar. Einer der beiden will zwei Bier bestellen. Er signalisiert dem Service Personal seinen Wunsch, indem er mit Daumen und Zeigefinger die Zahl der Getränke angibt. Er wundert sich dann sehr, weshalb ihm acht Getränke auf den Tisch gestellt werden."

Dann heißt es „Prost!".

Emma: „Liebe Chinesin, lieber Chinese, wundern Sie sich nicht über den häufigen Einsatz der Finger beziehungsweise der Hände des Deutschen. Er ‚spricht' mit den Händen und scheut sich nicht, diese raumgreifend einzusetzen.

Wollen Sie auf Deutsche nicht zu schüchtern oder zu zurückhaltend wirken, lassen Sie Ihre Hände aktiv und unterstützend in die Kommunikation eingreifen.

Sprechen Sie gleichzeitig, indem Sie das ausgesprochene Wort und die körpersprachliche Bedeutung gemeinsam einsetzen.

Ihre Kommunikation wird deutlicher und aussagekräftiger. Sie werden besser verstanden."

Teil 4 – Restaurant – 餐厅

In der Gastronomie

Einladen und eingeladen werden

Tischsitten

„Liebe geht durch den Magen." Das behauptet ein altes Sprichwort. Wird überlegt, wie viel Zeit der Mensch mit der Zunahme von Speisen und Getränken verbringt, zeigt sich die hohe Bedeutung der Nahrungsaufnahme.

Auf der einen Seite gibt es die klassische Nahrungsaufnahme zur Lebenserhaltung. In einer Wohlstandsgesellschaft wie der unseren, verschiebt sich der Schwerpunkt hin zur sozialen Bedeutung.

Dieser soziale Aspekt, das Zusammensein mit anderen, stellt die zweite Seite des kulinarischen Genusses dar. Dabei ist es wichtiger, <u>zusammen</u> etwas zu unternehmen, als ein mögliches Hungerbedürfnis zu befriedigen.

Umso mehr gelten die folgenden Betrachtungen vorwiegend dem ‚Drumherum'. Weniger wichtig dabei ist, <u>was</u> gegessen wird, sondern <u>wie</u> das gemeinsame Essen teilweise regelrecht zelebriert wird.

Gegessen wird natürlich auch in China. Lauschen wir Lian und stellen fest, dass keineswegs Hunde oder ausschließlich Reptilien und Insekten im Stehen und mit Stäbchen verspeist werden.

Essen als sozialer Anlass – Guanxi

Lian: „In China ist das gemeinsame Essen immer ein wichtiger sozialer Anlass. Das Einnehmen der Mahlzeiten dient der Festigung sozialer Bindungen und fördert das Zusammengehörigkeitsgefühl.

Gute Beziehungen, persönliche Kontakte, ein ausgebautes Netzwerk, öffnen manche verschlossene Tür. In China gibt es hierfür das Wort Guanxi.

Die Beziehungspflege untereinander ist ausgesprochen wichtig, um erfolgreich zu sein und Schwierigkeiten aus dem Weg räumen zu können.

Deshalb steht beim (Arbeits-)Essen das Essen als solches im Vordergrund, nicht aber die (aus deutscher Sicht) feinen Verhaltensregeln.

In westlicher orientierten Zonen wie Hong Kong und Taiwan hingegen sind die Tischmanieren eher den westlichen Standards angepasst.

Rülpsen, schmatzen, schlürfen

Ungewöhnlich für deutsche Ohren, aber korrekt aus chinesischer Sicht: Aufstoßen, schmatzen, schlürfen, rülpsen bei Tisch ist erlaubt und sogar erwünscht.

Etwas steckt zwischen den Zähnen? Kein Problem. Zähne bei Tisch zu säubern ist in Ordnung. Es darf ausgiebig mit vollem Mund gesprochen werden.

Allerdings darf bei Tisch nicht geschnäuzt werden, auch nicht ins Taschentuch. Ein benutztes Taschentuch sehen zu lassen, gilt sowieso als ausgesprochen unhöflich.

Alles läuft rund

In den meisten chinesischen Restaurants – auch wie zu Hause im privaten Bereich – wird traditionell ein großer runder Esstisch bevorzugt. Auf dem Tisch selbst steht wieder eine runde, drehbare Platte.

Mehrere Gerichte werden in die Mitte des Tisches gestellt. Es gibt keine Einzelgerichte pro Gast – und es wird immer nachgereicht. Jeder wählt das, was er gerne essen will. Er greift mit seinen Stäbchen nach den gewünschten Gerichten.

Speisen, die der Gast mit seinen Stäbchen berührt hat, bringt er in seine Schale oder auf seinen Teller. Also nicht etwa mit den Stäbchen aussortieren oder in den angebotenen Gerichten herumzustochern. Feste Regel: Was mit den Stäbchen berührt ist, gehört in das eigene Schälchen oder den eigenen Mund.

Was die Deutschen immer wieder verwundert, ist, dass eine Suppe erst am Ende der Mahlzeit serviert wird.

Preist der Gastgeber eine Speise besonders an, sollte diese nicht kategorisch abgelehnt werden. Offensichtlich handelt es sich um eine Besonderheit oder gar um eine Kostbarkeit. Also: ausprobieren!

Stäbchen und Reis

Die Stäbchen nicht in den Reis stecken, sondern neben dem Schälchen ablegen. Ansonsten wird die Vorgehensweise als Opfergabe interpretiert, was einer Gotteslästerung gleichkommen kann. Nur bei Trauerzeremonien findet dieses Vorgehen statt.

Obwohl der Fremde denkt, dass aufgrund der Geräuschkulisse sämtliche Umgangsformen und Tischsitten verloren gegangen seien, ist es verpönt, den Teller, Schale oder gar die Finger abzulecken.

Speisen und Getränke im Überfluss

Noch etwas ganz Wichtiges: Dem Gastgeber soll immer gezeigt werden, dass genügend – genauer ausgedrückt: zu viel – aufgetischt wurde. Deshalb niemals den Teller leer essen! Immer einen Anstandsrest einer jeder Speise übriglassen.

Das gilt auch für die Getränke: Das Glas nicht ganz austrinken, immer einen kleinen Rest zurücklassen!

Es wird immer zuerst dem anderen nachgegossen, bevor sich jemand selbst einschränkt

Es ist als pure Höflichkeit zu betrachten, wenn der Gastgeber seine Gäste mehrfach auffordert, doch weiter zuzugreifen oder noch ein Glas Alkohol zu trinken. Dieses Verhaltensmuster gehört aus chinesischer Sicht dazu. Der Gast darf natürlich irgendwann einmal Nein sagen. Trotzdem wird die Aufforderung erneut erfolgen. Erst nach dreimaliger Ablehnung lässt der Gastgeber von seiner Aufforderung ab.

Der Gastgeber stellt Speisen und Getränke im Überfluss bereit, wohingegen der Gast eine vornehme Zurückhaltung in Bezug auf die Menge der verzehrten Speisen zeigt. Die Hand auf den Bauch legen bedeutet: Ich bin satt.

Den meisten Deutschen ist bewusst, dass Chinesen am laufenden Band grünen Tee trinken. Er ist mehr oder weniger dem (Mineral-)Wasser gleichzusetzen, das hier üblicherweise vorgezogen wird. Bitte den grünen Tee nicht gleichsetzen mit einer ‚herrlichen Tasse Kaffee' am Nachmittag.

In privaten Kreisen ist Rauchen bei Tisch während des Essens üblich. Chinesen bieten ihre Packung erst der gesamten Runde an, bevor sie sich selbst eine Zigarette anzünden.

Übrigens – ganz wichtig: Bei Einladungen im Restaurant ist es üblich, dass gemeinsam abgerechnet wird. Der Gastgeber zahlt.

Rolle Gast und Rolle Gastgeber im privaten Umfeld

Es sind noch gar nicht so viele Jahre her, dass im Restaurant immer der Mann für die begleitende Frau bezahlte. Unter der Berücksichtigung der Gleichstellung Mann/Frau ist dieses Vorgehen lange überholt.

Ein Mann kann eine Frau einladen – eine Frau kann einen Mann einladen (oder natürlich lädt ein Mann einen Mann oder eine Frau eine andere Frau ein). Jeder ist demnach gleichberechtigt, eine andere Person einzuladen.

Unausgesprochen bedeutet die Einladung ein ‚Danke' an den Eingeladenen oder einfach nur eine Freundlichkeit.

Solange mit der Einladung keine Erwartungshaltung verbunden ist, ist das in Ordnung. Also nicht: „Ich lade dich jetzt ein, dafür musst du dies und das für mich tun."

Bestenfalls entsteht die Erwartungshaltung, dass bei Gelegenheit eine Gegeneinladung ausgesprochen wird.

Einladung – wer bezahlt?

Bei der Bezahlung wird etwas anders vorgegangen als in China. Unausgesprochen gilt, dass der bezahlt, der bestellt. Im Allgemeinen wird es der Gastgeber sein.

Es ist derjenige, der zum Essen eingeladen hat. „Darf ich Sie zum Essen einladen?" Lautet die Frage hingegen: „Wollen wir zusammen essen gehen?" liegt keine Einladung im obigen Sinne vor. Jeder würde dann für sich selbst bezahlen – Sie verlangen eine getrennte Rechnung.

Werden Sie gefragt, ob Sie eingeladen werden wollen, überlegen Sie genau und entscheiden Sie. Sollte es Ihnen unangenehm sein, dass Sie sich einladen lassen, dürfen Sie in freundlicher Form ablehnen. Zum Beispiel so:

„Das ist sehr nett – aber ich bitte um getrennte Rechnung." Oder „... wir machen halbe-halbe (jeder bezahlt die Hälfte)."

„Das freut mich sehr – darf ich die Getränke übernehmen?"

Trotz allem – wenn Sie möchten, lassen Sie sich einladen. Viele antworten dann: „Sehr gerne, aber das nächste Mal bin ich dran." Gemeint ist damit, dass bei einem nächsten Ausgehen die Rechnung von Ihnen übernommen wird.

Wahl des Tisches

Gehen Sie zu zweit aus, ist der Zweiertisch bevorzugt.

Große, runde Tische, an denen sich Fremde zueinander finden, gelten in Deutschland als Ausnahme.

Sie sind eingeladen. Der Gastgeber bietet Ihnen alternativ zwei Tische an. So können Sie aussuchen, an welchem Tisch Sie Platz nehmen wollen.

Der geschulte Gastgeber hat allerdings schon den ‚schöneren' Tisch im Auge. Deshalb wird er während der Frage an Sie, möglicherweise schon auf den bevorzugten Tisch deuten. „Möchten Sie hier oder dort sitzen?"

Wer die Regeln ganz genau kennt, weiß, dass die zweitgenannte Alternative die bevorzugte ist.

Offiziell können Sie – als Gast – nun den Tisch aussuchen, der Ihnen mehr zusagt. Erkennen Sie den Wunsch des Gastgebers, wählen Sie dessen (versteckten) Vorschlag.

Am Tisch selbst wird Ihnen eine vergleichbare Frage gestellt: „Möchten Sie lieber hier oder dort sitzen?" Auch hier ist die zweitgenannte Alternative in der Regel die gewünschte.

Der Gast soll immer den angenehmeren Platz erhalten. Dieser befindet sich mit dem Rücken zur Wand, mit Blick ins Restaurant, dem schöneren Blick nach draußen und so weiter.

Nehmen Sie Platz. Der Gastgeber wird nun möglicherweise einen Aperitif bestellen, damit Sie anschließend in aller Ruhe Ihren Speisenwunsch aussuchen können.

Dazu erhalten Sie eine Speisekarte, Ihr Gastgeber ebenso.

Übrigens: Hängen Sie Ihre Jacke nicht über den Stuhl. Sie gehört an die Garderobe.

Bestellung

Nachdem Sie Ihre Wahl getroffen haben, wird der Gastgeber die Bestellung aufgeben.

Da Sie beide aus gesellschaftlichen Gründen zusammen das Restaurant besuchen, wählen Sie die gleiche Zahl der Speisengänge wie Ihr Gastgeber.

Meistens wird zuerst der Hauptgang ausgesucht. Falls eine Vorspeise gewählt wird, folgt die Auswahl anschließend.

Aufpassen: Hier gibt es eine kleine Falle. Sie können als Gast nicht wissen, ob der Gastgeber wirklich wählen lassen möchte oder ob er nur der Höflichkeit wegen fragt.

Kennt er die Regeln gut, hat er zwei Varianten zu fragen:

- „Möchten Sie als Vorspeise A oder B?" Hier wurde alternativ gefragt – wählen Sie Ihrem Wunsch entsprechend aus. Sie können übrigens auch C wählen.

- „Möchten Sie eine Vorspeise?" Diese Frage kann mit Ja oder Nein beantwortet werden. Das Nein ist hier erwartet. „Nein danke."

Ganz grob lässt sich das so merken: Wer fragt (Ja/Nein-Frage), gibt nicht gerne.

Allerdings – nicht jeder Einladende ist sich dieser raffinierten rhetorischen Feinheiten bewusst. Also heißt das für Sie, sehr sensibel zu sein und zu ‚erahnen', ob Sie wählen sollen oder nicht.

Reis versus Kartoffeln

Vielen Deutschen mundet das chinesische Essen. Zumindest das, was sie in einem klassischen China-Restaurant erhalten. Sie mögen die Art der Zubereitung, die Verwendung von Gemüse, Reis und Glasnudeln. Das trifft den Geschmack der meisten Deutschen.

Chinesen selbst behaupten immer wieder, dass die für die Deutschen zubereiteten Speisen von denen Ihres Heimatlandes deutlich abweichen können.

Das wird der deutsche Tourist dann merken, sollte er in China in einem klassischen Restaurant speisen wollen. Offensichtlich sind die Geschmäcker doch unterschiedlicher, als es auf den ersten Blick wirken mag.

Die meisten Deutschen würden sich eher davor ekeln, Hühnerfüße, Geflügelhälse oder Knöchelchen abzulutschen.

Wie exotisch mag es dann für den Chinesen zugehen, wenn er eine Speisekarte in Deutschland in den Händen hält. Bestimmt wird ihm auffallen, dass viele Gerichte mit einer Kartoffel-Beilage serviert werden: Salzkartoffeln, Bratkartoffeln, Kartoffelgratin, Kartoffelpüree, Kartoffelchips, Pommes frites, Kartoffelklöße und so weiter.

Deutschland – ein Land voller Kartoffeln!? Naja, nicht nur. Es gibt auch Teigwaren: Spaghetti, Makkaroni, Nudelhörnchen, Spätzle und viele andere mehr.

Also Kartoffeln und Nudeln. Wie sieht es mit Reis aus? Ach ja. Freitags gibt es Fisch. Dazu passt am besten Reis. Aber sonst?

Abgesehen davon wird der Reis in Deutschland anders als in China zubereitet. Da er nicht mit Stäbchen zum Mund geführt wird, muss er nicht so ‚klebrig' sein.

Lieber Gast aus China, es steht zu befürchten, eine große Herausforderung in Sachen kulinarische Köstlichkeiten bewältigen zu müssen. So schlimm, wie es im ersten Augenblick scheinen mag, ist es aber gar nicht.

Cross-Cooking

Probieren Sie sich durch die Speisekarte. In der heutigen Zeit bieten viele Gastronomen Cross-Cooking (eine Kombination verschiedener Kochkulturen) und/oder Speisen aller Herren Länder an. Das erweitert das kulinarische Angebot – auch für den Deutschen – immens.

Verhungern werden Sie nicht. Und für alle Fälle: Es gibt glücklicherweise genügend China-Restaurants in Deutschland ☺.

Besteckteile im Gedeck

Mit den Stäbchen haben es die Chinesen wirklich einfacher. Wie einfach wäre es, nur mithilfe der Finger zu essen. Aber: Wir mögen es ja höflich – so wie früher ‚bei Hofe‘ üblich – also mit Besteck.

Das Gedeck, in der Fachsprache das Couvert, besteht aus all dem, was der Gast benötigt, um die Speise zu sich zu nehmen. Dazu gehören Bestecke, Geschirrteile, Gläser, Mundserviette und Dekorations-Gegenstände.

Führen der Besteckteile

Welches Besteckteil wird wozu benutzt?

- Vor dem Hauptgang und während des Hauptgangs werden die Besteckteile benutzt, die rechts und links neben der Serviette oder neben dem Gedeckteller eingedeckt sind.

- Nach dem Hauptgang werden die Besteckteile benutzt, die hinter dem Gedeckteller liegen.

- Das Messer, das rechts und die Gabel, die links unmittelbar neben dem Gedeckteller liegen, werden zum Hauptgang benutzt.

- Grundsätzlich gilt: Zuerst werden alle Besteckteile rechts und links vom Gedeckteller benutzt, dann erst die obenliegenden Besteckteile.

- Die Besteckteile werden ‚von außen nach innen‘ und dann ‚von oben nach unten‘ benutzt, jeweils in Blickrichtung auf den Gedeckteller.

- Mit Ausnahme der Suppe (sie wird <u>vor</u> dem Hauptgericht verzehrt), die nur mit dem Suppenlöffel gegessen wird, werden, von Spezialgerichten abgesehen, immer zwei Besteckteile gleichzeitig benutzt.

Aufbau von Gläsern und Besteck

Trinkgläser stehen rechts im Gedeck. Messer und Löffel liegen rechts im Gedeck.

Die Dessertbestecke liegen oberhalb des Platztellers und das Brotmesser liegt links auf dem Brotteller.

Alle Gabeln liegen links im Gedeck. Die Dessertgabel liegt oberhalb des Platztellers.

Das am nächsten zum Gedeck stehende Glas wird in der Regel zuerst benutzt.

Von allen Tellern wird direkt gegessen, mit Ausnahme von Untertassen, Untertellern und Platztellern. Diese letztgenannten dienen der Markierung des Gedeckes, weswegen sie auch Gedeckteller genannt werden. Außerdem dienen sie der dekorativen Verschönerung der Tafel und dem Schutz der Tischwäsche.

Der Platzteller wird vor dem Kaffeegang ausgehoben (vom Service abgeräumt). Warme Speisen werden auf warmen Tellern angerichtet, kalte Speisen auf kalten Tellern.

1	2	3
Das vollständige Gedeck – mit allen Besteckteilen und Gläsern.	Nach der kalten Vorspeise; zur Suppe.	Nach der Suppe; zur warmen Vorspeise.

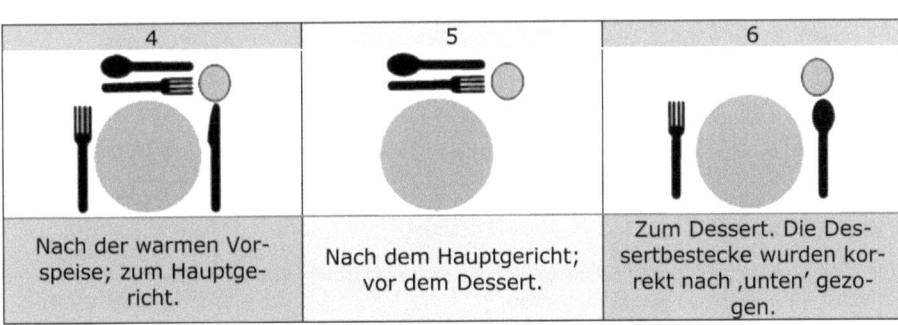

4	5	6
Nach der warmen Vorspeise; zum Hauptgericht.	Nach dem Hauptgericht; vor dem Dessert.	Zum Dessert. Die Dessertbestecke wurden korrekt nach ‚unten' gezogen.

Das erste Getränk – Zuprosten

Das Essen beginnt mit dem ersten Getränk, dem jetzt der Speiseservice folgt.

Dem Gastgeber ist freigestellt, sich von der Pflicht des Wein-Probierens zu entbinden und gleich einschenken zu lassen.

Trotzdem wird ihm als Letzter das Glas gefüllt.

Zuprosten, Anstoßen und Trinken

Der Gastgeber erhebt sein Glas und ,prostet' seinem Gast zu. Der Gast erwidert den Gruß, indem er sein Glas leicht in Richtung Gastgeber hebt. Dann trinken beide gleichzeitig den ersten Schluck.

Der Gastgeber stößt mit dem Glas des Gastes an.

Und das sind die Trinkregeln:

- Die rechte Hand führt das Glas zum Mund – also nicht den Kopf zum Glas hin bewegen.

- Das Glas am oberen Ende des Stiels greifen, nicht am Kelch.

- Das Glas nicht in einem Zug leeren (auch nicht Cognac, Korn, Likör usw.!).

- Beim Trinken wird weder geschlürft, geschmatzt noch gestöhnt.

In China wird der Ranghöchste als erster das Glas erheben und er allein hat das Vorrecht, die Tafel aufzuheben. In Deutschland macht das der Gastgeber.

Verhalten bei Tisch

Vor einigen Jahren beklagte sich ein erfolgreicher Hotelier aus dem Rheinland. Hier die Zusammenfassung seiner Schilderung.

Hotelier: *„Seit einigen Monaten dürfen wir Gruppen chinesischer Reisender in unserem Hotel als Gäste begrüßen. Es handelt sich in der Regel um gut organisierte und begleitete Gruppenreisen.*

Meistens bleiben die Gruppen zwei bis drei Tage vor Ort. Vom Hotel aus unternehmen die Gäste Tagesausflüge zu den naheliegenden Sehenswürdigkeiten.

Abends bewirteten wir die Gäste im Restaurant, wo sie am Angebot der Halbpension teilnahmen.

Es dauerte nicht lange, bis sich die ersten nicht-chinesischen Gäste beschwerten. Die Beschwerden steigerten sich manchmal emotional so hoch, dass die Hotelgäste drohten, vorzeitig abzureißen oder außer Haus zu speisen.

Was war geschehen? Worüber beklagten sich die anderen Restaurant-Gäste?

Verhalten und hemmungskose Kommunikation

Die Gründe der Beschwerden lagen im Verhalten der chinesischen Gäste bei Tisch.

Bemängelt wurden das laute Auftreten und die hemmungslose Kommunikation der Chinesen untereinander.

Beklagt wurde das Schmatzen und das Rülpsen der chinesischen Gäste beim Essen. Essensreste fielen auf das feine Tischtuch. Die Tische sahen ,wie ein Schlachtfeld' aus.

Dem Hotelier war klar, dass die beobachteten Verhaltensmuster aus chinesischer Sicht keineswegs unhöflich waren. Aus Sicht der anderen Gäste hingegen wirkten sie unerhört.

Eine Lösung wurde gefunden.

Das Abendessen für die chinesischen Gäste wurde in einem separaten Veranstaltungsraum serviert. So konnten sich die Chinesen so verhalten, wie sie es gewohnt waren, ohne die anderen Restaurant-Gäste ungewollt zu ,belästigen'.

Der Frieden und die Zufriedenheit schienen wiederhergestellt.

Unkenntnis der anderen Kultur

Allerdings meldeten sich nun einige Tage später die Servicekräfte. Sie empfanden es mehrheitlich als unzumutbar, die üblichen Serviceleistungen umzusetzen. Sie weigerten sich, die chinesischen Gäste weiterhin zu bedienen. Gründe wurden zahlreiche gebracht.

Hier ein Beispiel: ,Wir waren dabei, das Hauptgericht abzudecken, als ein Gast noch um eine Schale Reis bat.

Die Servicefachkraft bestellte in der Küche den Reis nach, was dort eine erneute Zubereitung des Reises nötig machte. Das dauerte natürlich eine Weile.

Dann konnte dem Gast der Reis serviert werden. Statt der erwarteten Reaktion des Gastes (den Reis zu verzehren) legte er die Besteckteile ab. Er war fertig mit seinem Essen. Den Reis rührte er nicht an.'

Der Servicefachkraft war nicht bekannt, dass der Chinese seine Speisen nicht komplett (leer) isst, sondern immer einen Anstandsrest übriglassen muss. Er will damit zeigen, dass das Essen ausreichend war.

Aus Sicht der Servicefachkraft erschien das Verhalten unverschämt.

Der Hotelier entschied, eine Schulung für die Mitarbeiter durchzuführen. Die Beschäftigten sollten in kulturelle Unterschiede China – Deutschland eingeführt werden. Sie sollten die Umgangsformen der Chinesen besser kennen- und verstehen lernen."

Wollen wir hoffen, dass die Geschichte gut ausging.

Bezahlen

Zurück zum Bezahlen bei Tisch: Unschön ist es, wenn sich die Gäste gegenseitig überbieten wollen, wer bezahlen darf. Das wurde eindeutig vor Beginn des Anlasses geklärt. Es bedarf somit keiner weiteren peinlichen Diskussion am Tisch.

Die Rechnung wird abseits des Gästetischs zusammengestellt. Die ordentlich erstellte Rechnung weist alle bestellten und servierten Speisen und Getränke sowie etwaige Extras auf.

Die Endsumme ist eindeutig und mit Einzelposten ausgedruckt auf einem Rechnungsformular erkennbar. Der Gast achtet darauf, dass neben dem ausgedruckten Endbetrag keine weiteren Beträge mit der Hand angefügt wurden.

Die Rechnung wird dem Gastgeber verdeckt gereicht. Auf diese Weise können (und sollen) die anderen Gäste den Rechnungsbetrag nicht erkennen.

Das Personal zieht sich zurück, um dem Gastgeber Zeit zu lassen, sein gerade geführtes Gespräch zu unterbrechen, um die Rechnung zu prüfen.

Der Gastgeber prüft die Rechnung

Nachdem der Gastgeber die Rechnung ,nebenbei' geprüft und für richtig befunden hat, legt er den Betrag in der gefalteten Rechnung auf das Tablett, den Teller oder in die Rechnungsmappe zurück.

Hat der Gastgeber den Betrag nicht passend bereit, legt er unbesorgt einen höheren Betrag in das Rechnungsblatt. Nach einer Weile nimmt der Service-Angestellte den Rechnungsteller mit dem Geld vom Tisch.

Im Kassenbereich nimmt er das hineingelegte Geld aus der Rechnung, prüft den Betrag und legt das Rückgeld zwischen das Rechnungsblatt.

Zurück am Gästetisch setzt er den Rechnungsteller mit zusammengefalteter Rechnung und eingefügtem Rückgeld rechts vom Gastgeber ein und entfernt sich wieder vom Gästetisch. Der Gastgeber entnimmt das Rückgeld und die Rechnung.

Nach seinem Gutdünken lässt er auf dem Rechnungsteller das Trinkgeld liegen. Das Personal wird später den Rechnungsteller holen und sich für das Trinkgeld höflich bedanken.

Bezahlen mit Plastikgeld

Während des Schreibens dieses Manuskript (2019) erfolgt eine Meldung in den Radio-Nachrichten. Zum ersten Mal hätten die Deutschen im Vorjahr mehr Waren und Dienstleistungen unbar beglichen.

Online-Bezahlungen oder der Einsatz von Kreditkarten war geringfügig höher als das Bezahlen mit Bargeld.

Emma: „Das mag Ihnen, liebe Chinesin, lieber Chinese, eigenartig vorkommen; gilt doch Ihre Kultur als sehr stark digital eingestellt. Für den Chinesen ist es üblich, wo immer es geht, mit dem Smartphone oder mit der Karte zu bezahlen. Das gilt auch für kleine Beträge.

Hier haben die Deutschen noch viel aufzuholen. Möglicherweise liegt das daran, dass der klassische Deutsche den neuesten digitalen Zahlungsmöglichkeiten skeptisch gegenübersteht.

Wundern Sie sich deswegen nicht, wenn Sie an der Supermarktkasse die ältere Kundin beobachten, die umständlich (und zeitraubend) den letzten, fehlenden Cent aus ihrer Geldbörse herausfischen will.

Deutschen Unternehmern und Dienstleistern wird immer wieder empfohlen, den Kunden die vielfältigen digitalen Zahlungsmöglichkeiten anzubieten. Pfiffige Händler, speziell an Orten mit vielen chinesischen Touristen, haben das erkannt. Sie versuchen, das digitale Angebot immer auf dem neuen Stand zu halten.

Sie, liebe Chinesin, lieber Chinese, sollten sicherheitshalber immer etwas Kleingeld bereithalten. Mancher Automat dankt es Ihnen.“

Digitale Kultur

Glücklicherweise ist die Technik heute sehr weit entwickelt. Sie erweitert sich in rasanter Geschwindigkeit, hat und bringt ständig neue digitale Helfer auf den Markt.

Während mancher Deutsche lieber an Alt-Hergebrachtem hängenbleibt, scheint der Chinese keinerlei Hemmungen zu haben, mit neuester Technik zu arbeiten.

Was immer ein Chinese wissen will – zack – das Smartphone gelangt zum Einsatz.

Nun, beim Benutzen des Smartphones scheinen keine Unterschiede in beiden Kulturen zu sein. Möglicherweise aber in der Nutzung.

Während der Deutschen noch über Datenschutz und Sicherheit nachdenkt, wird der Chinese bereits aktiv. Es ließe sich behaupten, dass der Chinese nicht nur <u>mit</u> dem Smartphone arbeitet, sondern sich – bildhaft gesehen – sozusagen <u>im</u> Netz bewegt. Die virtuelle Welt ist die richtige, die echte.

Alle Informationen alle (Dienst-) Leistungen sind darin zu finden. Buchungen, Bestellungen, Bezahlung – alles erfolgt digital.

Ist das gut – ist das sicher? Egal, die Entscheidung liegt beim Nutzer.

Lieber Gast aus China, bringen Sie etwas Geduld auf, sollten Sie bemerken, dass die Deutschen – Ihrer Meinung nach – manchmal noch etwas hinterwäldlicher sind.

Sie kommen trotzdem relativ gut zurecht mit ihrem System. Seien Sie nur darauf vorbereitet, nicht überall auf die neueste Technik zu treffen.

Trinkgeld

Der Gastgeber kann bereits bei der Begleichung der Rechnung den um das Trinkgeld aufgerundeten Betrag auf den Rechnungsteller legen. Holt das Personal den Rechnungsteller, kann der Gastgeber:

- „Stimmt so!",

- „Ist gut so!"

oder ähnliches sagen. Gibt der Gastgeber dem Personal einen größeren Betrag als Rechnungssumme plus Trinkgeld kann er sagen:

- „Geben Sie mir bitte zwanzig Euro zurück."

- „Runden Sie bitte auf fünfzig (Euro) auf."

Weiter kann der Gastgeber eine Summe nennen, die das Trinkgeld beinhaltet:

- „Zweihundert!"

Damit weiß das Personal, dass es sich um den Endbetrag inklusive Trinkgeld handelt. Da der Gastgeber die Endsumme nennt, erfahren allerdings auch die eingeladenen Gäste die Höhe des Rechnungsbetrags.

Muss der Gast überhaupt Trinkgeld geben?

Grundsätzlich bleibt es dem Gastgeber überlassen, Trinkgeld zu geben. Das Trinkgeld soll dem Personal zeigen, dass die Gäste mit der erbrachten Leistung zufrieden waren.

Dazu gehört die Qualität des Essens, die Qualität des Services, aber auch die Freundlichkeit des Personals. Wer also mit etwas nicht zufrieden war, sollte sich überlegen überhaupt Trinkgeld zu geben.

Andererseits wird Trinkgeld gerade dann erwartet, wenn, nach Überzeugung des Personals, der Service gut und vielleicht sogar besonders schwierig war.

Soll dem Küchenpersonal Trinkgeld zukommen, sollte das in den meisten Häusern ausdrücklich gesagt werden, weil sonst das Trinkgeld in der Regel in die Servicekasse fließt.

Wie viel Trinkgeld gilt als angemessen?

Als Faustregel gilt etwa 10 % der Rechnungssumme als passendes Trinkgeld. Je niedriger die Rechnungssumme, desto – prozentual – höher das Trinkgeld.

- Krumme Beträge werden nach oben aufgerundet.

- Es wird nicht extrem viel Trinkgeld gegeben: 50,- € Trinkgeld bei einem Rechnungsbetrag von 200,- € ist nicht angebracht.

Das Personal würde sich ganz sicher freuen, andererseits aber über den Gast lächeln, weil er so mit dem Geld ‚rumwirft'.

Damals und heute

In Zeiten von Fastfood und dem Aus-der-Hand-Essen auf der Straße, mögen manche Regeln rund um das Thema Tischsitten als überholt angesehen werden. Jeder kann sich natürlich so verhalten, wie er will.

Allerdings kommen gerade Ungeübte oder Jüngere bei einer Einladung ‚in ein besseres Restaurant' schnell in die Verlegenheit, nicht zu wissen, wie sie sich ‚ordentlich' verhalten sollen.

Das Unwissen bereitet ihnen Unsicherheit, die sich dann deutlich an der Körperhaltung oder dem Verhalten bei Tisch beobachten lässt. Darüber ließe sich vielleicht hinwegsehen, solange es sich um eine private Runde handelt.

Stehen allerdings geschäftliche Belange im Vordergrund, sieht es ganz anders aus. Hier wird genauer darauf geachtet, wie sich der andere verhält.

Weiß er sich zu benehmen, kennt er die gängigen Tischsitten? Kann er mit wertvollen Geschäftspartnern zum Geschäftsessen geschickt werden?

Natürlich wird auch im gesellschaftlichen Umfeld (zum Beispiel anlässlich einer Einladung zu einer Hochzeitsfeier) ein passender Umgang erwartet. Ob das nun noch als konservativ oder nicht gilt, ist egal – aktuelle Umgangsformen werden erwartet.

Jetzt kann der junge Mensch mit seinen guten Tischsitten deutlich punkten. Gleiches gilt für den Menschen aus einem anderen Land.

Es stellt in der Regel überhaupt kein Problem dar, wenn einer etwas nicht weiß und um Hilfe bittet. Das kommt allemal besser an, als ein flegelhaft wirkendes Verhalten bei Tisch.

Unverkrampft und trotzdem regelkonform

Emma: „Obwohl davon ausgegangen werden darf, dass täglich Tausende Menschen ihre Mahlzeiten mit anderen einnehmen, stellt es für den einen oder anderen doch eine gewisse Herausforderung dar, in gehobener Atmosphäre unverkrampft am Tisch zu sein.

Auch der Besuch in einem Sterne-Restaurant kann zu einer stressigen Belastung werden. Das geschieht beispielsweise dann, wenn es ‚etepetete' zugeht: Das Servicepersonal scheint ‚nobler' als der Gast zu sein. Der Gast empfindet herablassende und bedauernswerte Blicke des Personal. Wer soll sich hierbei wohlfühlen?

Glücklicherweise finden sich solche Gastronomie-Zustände immer seltener.

Der Gast hat die Wahl, dorthin zu gehen, wo er sich wohlfühlt.

Keineswegs muss das gleichzusetzen sein mit dem Aufheben aller Tischsitten. Aber das Verkrampfte ist unnötig.

Gäste, die sich den zeitgemäßen Tischsitten entsprechend zu verhalten wissen, werden keine Verkrampftheit oder Beklemmung spüren.

Umgekehrt gilt Vergleichbares für die Dienstleister. Das Servieren und alles was dazu gehört, erleichtert sich merkbar, wenn Gäste die gastronomischen Abläufe kennen."

Nun denn – wir wünschen Ihnen einen angenehmen Besuch im Restaurant und eine unvergessliche, positive Erinnerung daran.

Guten Appetit.

Teil 5 – Aberglaube – 迷信

Gefühle nicht verletzen

Sicher ist sicher

Die Weltgeschichte geht von Osten nach Westen,
denn Europa ist schlechthin das Ende der Weltgeschichte, Asien der Anfang.
Georg Wilhelm Friedrich Hegel, dt. Philosoph
(1770 - 1831)

Toi, toi, toi

Chinesen sind ausgesprochen abergläubisch. Deutsche allerdings auch, obwohl es sich viele gar nicht eingestehen wollen.

Geschenke erhalten die Freundschaft

Lian: „Wie traurig wäre die Welt ohne Geschenke? Chinesen tauschen bei jedem möglichem Anlass gerne Geschenke aus. Geschenke sind Ausdruck gegenseitiger Wertschätzung und sind oft mit konkreten Absichten verbunden.

Mit Geschenken wird meist der Wunsch oder die Bitte um Unterstützung in einer Angelegenheit signalisiert.

Oft verpflichten Geschenke zu einer Gegenleistung oder einem Gegen-Geschenk. So festigen Geschenke auf die Dauer soziale Bindungen.

Was eignet sich als Geschenk? Nun: Es kann sich um ein kleineres Geschenk handeln, wie Alkohol, Zigaretten (allerdings dann eine ganze Stange), ein üppig gefüllter Obstkorb, kleine nützliche Dinge, Kosmetika oder Schokoladenartikel.

Geschenke können allerdings auch – für Deutsche ungewohnt – große Dimensionen annehmen: ein Auto, eine Wohnung, ein Haus oder hohe Geldbeträge.

Die Größe eines Geschenkes richtig einzuschätzen, ist eine Herausforderung für sich und kann zu einem heiklen Thema werden. Äußerst peinlich wäre es nämlich, falls das Geschenk und das damit unausgesprochene Anliegen indirekt höflich zurückgewiesen würden.

Rotes bringt Glück

Ein Geschenk am besten in rotes und goldfarbenes Papier verpacken. Rot gilt als Farbe des Glücks und Reichtums. Der rote Umschlag, hongbao, wird zum Neujahrsfest benutzt, um Geld zu verschenken. So wird anlässlich des Festes auch Kindern Geld geschenkt.

Obwohl die rote Farbe gerne gesehen ist, soll nicht mit roter Farbe unterschrieben werden. Das heißt etwa: „Ich bin schon tot." Früher haben Richter mit roter Tinte ein Todesurteil unterschrieben.

Geschenke werden mit beiden Händen überreicht und gleichfalls mit beiden Händen entgegengenommen.

Aber Achtung: Der Beschenkte öffnet sein Geschenk nicht vor den Augen des Schenkenden. Neugierde zeigen gilt als unschicklich.

Die Farbe Weiß nicht verwenden, sie ist die Farbe der Trauer.

Kein Geschenk, dass die Freundschaft verletzt

Vieles lässt sich schenken, manches ist aber Tabu. Hier ein tolles Beispiel: Die Wanduhr klingt identisch mit dem Ausdruck „Bis in den Tod" (song zhong). Wird eine Uhr verschenkt, wird auf den baldigen Tod des Empfängers hingewiesen. Nicht sehr charmant.

In eine ähnliche Richtung zeigen Schnittblumen, die Kurzlebigkeit bedeuten und schon gar keine weißen Blumen, da Weiß, wie erwähnt, die Farbe der Trauer ist.

Um nicht zu riskieren, eine Freundschaft zu beenden, soll nichts verschenkt werden, was jemanden verletzen könnte. Dazu zählen beispielsweise Schirme, Messer oder anderes Scharfkantiges."

Auch kleine Geschenke erhalten die Freundschaft

Ja, natürlich freuen sich auch die Menschen anderer Kultur über eine Aufmerksamkeit oder ein Geschenk.

Viele Schenkende tun sich schwer, ein passendes Geschenk zu wählen. Es darf nicht ‚zu billig' aber auch nicht ‚zu teuer' sein. Im ersten Fall wirkt der Schenkende geizig. Im zweiten Fall kann das großzügige Geschenk als ‚großkotzig', überheblich oder arrogant erscheinen.

Vorsicht: Ist ein Geschenk zu groß oder zu teuer, droht die Gefahr der gefühlten Bestechung. Korruptes Verhalten ist in Deutschland verboten, auch wenn sich der eine oder andere bestechen lässt.

Deshalb kann es sein, dass Ihr Bankberater eine mitgebrachte Schachtel Pralinen nicht annehmen darf. Einem Beamten oder einer Beamtin eine nett gemeinte Kleinigkeit zu überreichen, kann gegebenenfalls zur schroffen Ablehnung führen.

Geld diskret unter der Hand – bessere Leistung?

Ärzte, Apotheker, Therapeuten und andere dürfen kein zusätzliches Geld annehmen – und sie werden auch aufgrund eines solchen Angebots keine bessere Leistung anbieten. Zumindest nicht diejenigen, die seriöse Arbeit verrichten.

In ein für Beschäftigte aufgestelltes Sparschwein darf ein angemessenes finanzielles ‚Dankeschön' gegeben werden.

Eine Freude bereiten

Im privaten Bereich sind Sie viel breiter aufgestellt bei der Wahl eines Geschenks.

Überlegen Sie, mit welchem Präsent Sie dem zu Beschenkenden eine wirkliche Freude bereiten können. Welche Interessen oder Hobbys hat er? Liest er gerne ein Buch?

Freut er sich über eine Kinokarte? Können Sie ihn mit der Einladung in ein Kaffeehaus begeistern?

Vielleicht wählen Sie etwas, was mit Ihrer kulturellen Herkunft hat.

Im Gegensatz zum Chinesen packt der Deutschen in Gegenwart des Schenkenden das Präsent aus. Er zeigt selbstverständlich Freude über das Geschenk und bedankt sich herzlich.

Horoskop – Das Glück steht in den Sternen

Die meisten Menschen werden schon von Buddha (ca. 500 v. Chr.) gehört haben. Bevor er die Erde verlassen wollte, lud er alle Tiere zu einem Abschieds-Treffen ein.

Von allen Tierarten dieser Welt sind tatsächlich nur zwölf der Einladung gefolgt. Das waren in folgender Reihenfolge: Ratte, Büffel, Tiger, Hase, Drache, Schlange, Pferd, Ziege, Affe, Hahn, Hund und Schwein.

Buddha überlegte und traf eine Entscheidung. Jedem dieser 12 Tiere widmete er ein Jahr. Das Jahr wurde nach der Reihenfolge ihres Erscheinens benannt, zuerst die Ratte, zuletzt das Schwein.

Diese Einteilung passt wunderbar zur chinesischen Tradition. Die Chinesen sind nämlich der Überzeugung, dass alle zwölf Jahre Menschen mit vergleichbaren Charakterzügen geboren werden. Das passt doch wunderbar auf zwölf Tiere.

Damit ist erklärt, weshalb es beim chinesischen Horoskop zwölf verschiedene Symbole gibt – nämlich die oben genannten Tiere.

Das Jahr des Drachens

Im Gegensatz zu unserem bekannten Horoskop beträgt die Zeitspanne nicht ein Monat, sondern ein ganzes Jahr. Das ist der Grund, weshalb sich jedes Tierzeichen alle zwölf Jahre wiederholt. Die Chinesen sagen beispielsweise, dass sie im Jahr des Drachens geboren wurden.

Jedem Tierkreiszeichen, ähnlich dem deutschen Horoskop, sind bestimmte Eigenschaften zugeordnet. Bei jedem Tierkreiszeichen gibt es gute und schlechte Charaktereigenschaft.

So wird dem Drachen auf der einen Seite Intelligenz und Selbstbewusstsein zugeschrieben. Auf der anderen Seite Egoismus und Größenwahn.

Wollen Sie herausfinden, in welchem Jahr Sie geboren sind? Beispielsweise ist die Ratte in folgenden Jahren das Tierzeichen: 1900, 1912, 1924, 1936, 1948, 1960, 1972, 1984, 1996, 2008, 2020, 2032 und so weiter.

Dementsprechend können Sie Ihr Geburtsjahr zuordnen. Addieren Sie immer zwölf, um die nächste Phase desselben Horoskop-Abschnitts zu erhalten.

China			
Ratte (oder Maus)	1996	Humorvoll, kontaktfreudig, neugierig, diplomatisch, treu	Stolz, rachsüchtig, neidisch, autoritär
Büffel (Ochse, Rind)	1997	Kräftig, ausdauernd, hartnäckig, gewissenhaft, lernbereit	Nachdenklich, kompromisslos, ungeduldig
Tiger	1998	Mutig, begeisterungsfähig, ehrgeizig, ehrlich	Leichtsinnig, risikofreudig, eigensinnig
Hase (oder Kaninchen)	1999	Sensibel, friedfertig, geschickt, diplomatisch, intelligent	Träumerisch, konfliktscheu
Drache	2000	Selbstbewusst, intelligent, impulsiv, freiheitsliebend	Kompromisslos, gierig, größenwahnsinnig, egoistisch
Schlange	2001	Charismatisch, treu, leidenschaftlich, tiefsinnig, planerisch	Eifersüchtig, eitel, egozentrisch, besitzergreifend, manipulativ
Pferd	2002	Freiheitsliebend, extravertiert, kreativ, charmant, gradlinig	Ungeduldig, aufbrausend, stur, heißblütig, egozentrisch
Ziege (oder Widder oder Schaf)	2003	Mitfühlend, warmherzig, gefühlvoll, introvertiert, ruhig	Unordentlich, kritikempfindlich, disziplinlos, unbeständig
Affe	2004	Ehrgeizig, verspielt, humorvoll, neugierig, einfallsreich, gebildet	Hochmütig, geschwätzig, neidisch, skrupellos, oberflächlich
Hahn (oder Huhn)	2005	Extravertiert, stolz, fleißig, ehrlich, intelligent	Kritisch, autoritär, verschwendungssüchtig, eitel
Hund	2006	Treu, aufrichtig, loyal, verlässlich, pflichtbewusst	Verschlossen, stur, unsicher, starrköpfig
Schwein	2007	Großzügig, optimistisch, verständnisvoll, friedfertig, tolerant	Naiv, bequem, perfektionistisch, gutgläubig

Der ehrliche und freiheitsliebende Schütze

Die Deutschen wollen nicht zwölf Jahre warten, bis sich ein Symbol wiederholt.

Jedes Bild erscheint alle zwölf Monate, beginnend meist in der dritten Woche eines Monats.

Neben sieben Tieren gibt es vier Personen und ein Objekt. Alle sind Sternbildern nachempfunden.

Beispielsweise wird dem Schützen Großzügigkeit und Reizbarkeit nachgesagt.

Deutschland			
Januar bis Februar	Wassermann	Charismatisch, visionär, unterhaltsam, ideenreich, mitreißend, gesellig	Extravagant, revolutionär, utopisch, unnahbar, eigenbrötlerisch
Februar bis März	Fische	Einfühlsam, romantisch, verträumt, großzügig, geheimnisvoll, sensibel	Entscheidungsschwach, beeinflussbar, umständlich, überempfindlich
März bis April	Widder	Ausdauernd, scharfsinnig, unkompliziert, willensstark, zupackend	Aufbrausend, ungeduldig, unberechenbar, jähzornig, rücksichtslos
April bis Mai	Stier	Gemütlich, großzügig, warmherzig, bedächtig, ausgeglichen, treu	Besitzergreifend, neidisch, schräg, engstirnig, eigenwillig, misstrauisch
Mai bis Juni	Zwillinge	Lebhaft, kreativ, vorurteilsfrei, anpassungsfähig, gesellig, wissbegierig	Ungeduldig, selbstgefällig, beeinflussbar, oberflächlich, ruhelos
Juni bis Juli	Krebs	Beständig, widerstandsfähig, träumt, fürsorglich, hilfsbereit, sparsam	Empfindlich, launenhaft, unselbständig, verletzlich, stimmungsabhängig
Juli bis August	Löwe	Selbstbewusst, tatkräftig, leidenschaftlich, führungsstark, extravertiert	Großspurig, verschwenderisch, überheblich, selbstherrlich, stur
August bis September	Jungfrau	Zielstrebig, bescheiden, pflichtbewusst, sorgfältig, ordnungsliebend	Kritisch, kleinlich, rechthaberisch, misstrauisch, pedantisch, verklemmt
September bis Oktober	Waage	Harmoniebedürftig, charmant, mitfühlend, sensibel, vermittelnd	Konfliktscheu, eitel, arrogant, verletzlich, wechselhaft, empfindlich
Oktober bis November	Skorpion	Belastbar, selbstkritisch, mutig, willensstark, widerstandsfähig, zäh	Verbissen, kompromisslos, machtgierig, nachtragend, manipulierend
November bis Dezember	Schütze	Ehrlich, freiheitsliebend, selbstbewusst, neugierig, unterhaltsam, großzügig	Belehrend, großspurig, realitätsfremd, reizbar, eigensinnig
Dezember bis Januar	Steinbock	Selbstkritisch, pflichtbewusst, beharrlich, geduldig, strategisch	Pedantisch, engstirnig, starrköpfig, ungesellig, unnahbar, trocken

Zu welchem Tierkreiszeichen gehören Sie? Passen die genannten Charaktereigenschaften auf Ihre Persönlichkeit? Viele Menschen behaupten, die Angaben eines Horoskops seien Quatsch. Andere hingegen schwören darauf.

Nun, wie in vielen Dingen, jeder kann es halten, wie er will.

Gutes Gesprächsthema?

Übrigens eignet sich das Thema ‚Horoskop‘ auch ganz gut für einen Smalltalk.

Vorsicht: Einige Menschen werden die Augen verdrehen, kommt das Gesprächsthema auf Horoskope. Andere steigen begeistert ein.

Möglicherweise lässt sich gut auf chinesische Horoskope überleiten. Die meisten Deutschen haben davon gehört, kennen in der Regel aber keine Details.

Große Feier – Chinesisches Neujahr, das Frühlingsfest

Wird in China der Beginn eines neuen (Horoskop-)Jahres begangen, stehen großartige Feste an. Das neue Jahr beginnt – laut Horoskop – zwischen dem 21. Januar und dem 21. Februar. Das Datum richtet sich nach dem Neumond der Wintersonnenwende.

Beim Wechsel der deutschen Tierkreiszeichen feiert niemand.

Das Fest der hungrigen Geister

Lian: „Wir Chinesen feiern viele Feste. Beispielsweise das ‚Fest der hungrigen Geister'. Dieses Fest wird immer am 15. Tag des siebten Monats im Mondkalender gefeiert.

Papier spielt eine große Rolle. Aus Papier werden Spielgeld und Gegenstände gebastelt. Der Chinese zündet dann das Papiergeld an, welches sich die hungrigen Geister bemächtigen können. Allerlei Gegenstände und Möbel aus Papier werden verbrannt. Nämlich solche Dinge, die dem Verstorbenen im Totenreich nützlich sein könnten.

Beim Verbrennen entsteht Rauch. Der Rauch transportiert die Gaben ins Reich der Toten. Schön, nicht wahr?"

Dreimal auf Holz klopfen

Eine andere Eigenart im Bereich des Aberglaubens ist häufiger zu beobachten. So können Sie immer mal wieder sehen, dass manchmal jemand nach einer Aussage mit den Knöcheln der Finger einer Hand dreimal auf die Tischplatte klopft. Was bedeutet das?

Ursprünglich checkt das dreimalige Klopfen auf Holz ab, ob dieses Holz morsch ist und damit die Gefahr des Brechens oder Einbrechens besteht.

Diese ‚Überprüfung' konnte für manchen lebensnotwendig sein. Beispielsweise für den Matrosen. Betrat er ein Schiff, klopfte er dreimal an den hölzernen Mast. Hörte er einen hellen Ton war das Holz trocken und es bestand keinerlei Gefahr des Brechens. Ein dunkler Ton ließ feuchtes Holz rückschließen, was Gefahr bedeuten konnte. Das war ein böses Omen, speziell für einen Seemann.

Auch Menschen, die ihre Arbeit unter Tage verrichteten, achteten nachvollziehbarer Weise ganz besonders auf Sicherheiten. Grubenarbeiter klopften deswegen an einen Stützbalken im Stollen, um eine mögliche Einsturz-Gefahr zu erkennen.

Nur noch wenige Menschen in Deutschland fahren als Matrosen um die Weltmeere oder schuften in Stollen unter der Erde. Trotzdem scheint es nicht zu schaden, immer wieder die Sicherheit zu überprüfen.

Sagt beispielsweise jemand „Bisher hatte ich noch keinen Autounfall", klopft er sicherheitshalber dreimal auf Holz. Sicher ist sicher, denn bei den nächsten Autofahrten könnte ja bereits ein Unfall geschehen. Und wer will das Unglück schon herbeirufen? Das Klopfen vermeidet den eben erwähnten Unfall.

Der dumme Holzkopf

Genau genommen muss das Klopfen auf Holz passieren. Nicht immer ist dieses gerade greifbar. Deshalb ist auch ‚erlaubt‘, sich dreimal mit den Fingerknöcheln an den eigenen Kopf zu klopfen. Menschen mit schwacher Intelligenz wird gerne nachgesagt, sie hätten einen Holzkopf.

Für den Aberglauben passt das wunderbar, war die Aussage (Autounfall) vielleicht ‚dumm‘. So dumm, wie sie nur von einem Dummkopf geäußert würde.

Toi, toi, toi

Manchmal können Sie hören, dass jemand beim dreimaligen Klopfen „toi, toi, toi" sagt.

Dieser Spruch sollte die leicht erregbaren bösen Geister beruhigen. Es wird angenommen, dass durch den Spruch eine Art Verballhornung des Teufels gemeint ist. „Toi" soll lautmalerisch die erste Silbe des Wortes ‚Teufel‘ [‚toi-fel‘] bedeuten.

„Toi, toi, toi" hieße dann „Teufel, Teufel, Teufel". Denn: Das Gute lässt sich beschwören, wenn das Böse geäußert wird.

Der Unglückstag – Freitag der 13.

Viele Chinesen mögen die Zahl 4 nicht, sie gilt als Unglückszahl. In hiesiger Kultur ist die Zahl 13 die Unglückszahl.

Woher kommt das? Einige Quellen behaupten, dass die Zahl 13 mit der Zahl der am letzten Abendmahl Sitzenden zu tun habe (Jesus und die 12 Apostel). Einer der anwesenden war der Verräter; einer der Apostel war Judas, der Verräter.

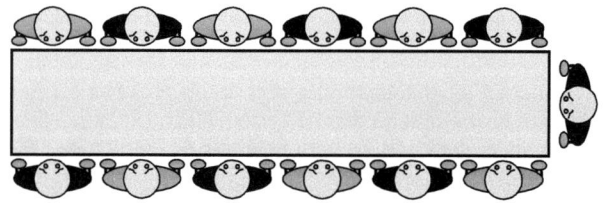

Deshalb platzieren Gastgeber ungern 13 Personen an einer Gästetafel.

12 ist ideal. 14 oder mehr sind natürlich auch wieder in Ordnung.

Dumm nur, kommen tatsächlich 13 Personen zusammen. Was tun? Einige bereiten den Tisch dann einfach für 14 Personen vor. Auf einen der Plätze wird ein Platzhalter gesetzt, beispielsweise ein Stofftier. Der Bann ist gebrochen.

Die Zahl 13 ist schon schlimm genug. Trifft sie mit einem Freitag zusammen, scheint für den einen oder anderen fast die Welt unterzugehen.

Mindestens zwei Deutungen sind geläufig. Eine sagt, dass die Kombination mit Freitag in Zusammenhang mit dem Tag der Kreuzigung Jesu zu tun haben soll. Jesus soll am Karfreitag gekreuzigt worden sein.

Die andere Deutung sagt, Freitag der 13. beziehe sich auf den schlimmen Börsencrash am 25. Oktober 1929 (Der Schwarze Freitag) in der New Yorker Wall Street.

Welche der beiden Deutungen nun richtig ist, ist für den Abergläubigen egal. Es gilt auch hier die Regel: sicher ist sicher.

Deshalb vermeiden viele Hochzeitspaare, an einem 13. zu heiraten; einige Geschäftsleute unterschreiben an einem 13. keinen Vertrag.

In manchen Hotels oder auf Kreuzfahrtschiffen wird die 13. Etage beziehungsweise das 13. Deck in der Nummerierung übersprungen. Viele Fluggesellschaften lassen die dreizehnte Sitzreihe in der Nummerierung aus. Sogar in manchen Krankenhäusern fehlt die Zimmernummer 13.

Im Gegensatz zur Zahl 13 zählt die 7 für viele Deutsche zu den Glückszahlen.

Finger weg von der 4

Lian: „Emma, bei euch ist die 13 die Unglückszahl, bei uns ist es die 4. Das gilt auch für Menschen aus Korea, Japan, Taiwan, Vietnam, Singapur und Malaysia. Kommst du in Austausch mit Menschen aus dieser Kultur, solltest du einen weiten Bogen um die Zahl 4 machen.

Womit hängt das zusammen? Nun, bei falscher Betonung hört sich das Wort ,Vier' an wie das Wort ,Tod'. Wer will schon mit dem Tod konfrontiert sein? Lieber Gedanken hierzu weit wegschieben.

Wo immer es geht, wird der Bezug zur Zahl 4 vermieden. Das gilt auch für Geschenke, die auf die Zahl 4 zurückgreifen. Beispielsweise würde ein Bilderset ,Frühling, Sommer, Herbst und Winter' unangenehme Gefühle hervorrufen. Es wird dir kaum gelingen, Waren und Produkte mit der Kennzeichnung einer 4 oder einem Logo, in dem eine 4 gezeigt wird, zu finden – die Kunden ließen eher die Finger hiervor.

Bei einer Nummerierung vermeiden wir Chinesen die Ziffernfolge 1, 2, 3, 4, 5 und ersetzen sie durch 1, 2, 3, 3 A, 5. Im Extremfall geht es so weit, dass möglichst auch Zahlen wie 14, 24, 41, 42 usw. vermieden werden.

Nicht wundern, dass zu einer Einladung, an einem Tag, in dem die 4 im Datum vorkommt, Absagen eintreffen. Die Gäste werden voraussichtlich irgendeine Entschuldigung geben.

Die (abergläubische) Furcht vor der 4 lautet Tetraphobie (griechisch: Tetras = vier, Phobie = Angst, Furcht)."

Arme über Kreuz reichen – Jemand muss sterben

An anderer Stelle in diesem Ratgeber wird erklärt, wie die Begrüßung zweier Paare erfolgt. Folgt jeder den gängigen Regeln, kommt es gar nicht zu der Situation, dass sich die Arme überkreuzen würden.

Weshalb soll das nicht sein? Nun, weil – bildlich betrachtet – durch das Überkreuzen der Arme ein Kreuz entstünde. Das Kreuz, das für den christlichen Glauben steht.

Und dann, so der Aberglaube, müsste jemand am Kreuz sein Leben aushauchen – jemand muss sterben.

Wer will es dann darauf anlegen, dass durch dieses – laut Aberglauben – ungeschickte Vorgehen jemand sein Leben verlieren muss? Wohl kaum jemand.

Sollten Sie bei einer Begrüßungszeremonie feststellen, dass jemand zwar gerade die Hand ausstrecken wollte aber dann ruckartig zurückzieht, will er dem Aberglauben gerecht werden. Die Arme sollen sich nicht kreuzen.

Salz umschütten – Diese Verschwendung bringt Unglück

Vergnügt und wohlgelaunt sitzen Sie mit einigen Freunden am Restauranttisch.

Es wird viel diskutiert und gelacht. Plötzlich: Jemand berührt versehentlich beim Gestikulieren den Salzstreuer. Der fällt um! Großes Gezeter! Denn verstreutes Salz bedeutet Ärger beziehungsweise Unglück, sieben Jahre lang!

Ist das so? In früherer Zeit war Salz ausgesprochen teuer, sogar wertvoller als Edelmetall. Einige Herrscher belegten Salz mit Steuern (vgl. Großer Salzmarsch Mahatma Gandhis im März des Jahres 1930 mit Hunderttausenden von Anhängern).

Es sollte klar sein, welches Unglück es bringt, so etwas Kostbares wie Salz zu verschütten – und damit zu vergeuden.

Pech gehabt. Oder doch nicht? Es gibt ein Gegenmittel. Sollten Sie Salz verstreut haben, nehmen Sie etwas des verschütteten Salzes zwischen Daumen und Zeigefinger. Werfen Sie die Salzkörnchen nun über Ihre linke Schulter nach hinten auf den Fußboden. Der böse Fluch aufgehoben. Glück gehabt!

Wohnungseinzug

Sie sind glücklich, eine schicke Wohnung gefunden zu haben? Helfende Hände haben Sie unterstützt, Ihr Hab und Gut in die neue Wohnung zu bringen.

Da klopft es an der Wohnungstür: Ihr freundlich strahlender Nachbar steht vor Ihnen. In der Hand hält er ein Brot und ein Schälchen mit Salz. Beides überreicht er Ihnen nun.

Das Salz sorgt dafür, dass es nie Mangel an Lebensmitteln geben wird. Das Brot garantiert einen gewissen Wohlstand in Ihrer neuen Wohnung.

Die bösen Geister ruhen lassen

„Emma: Lian, wenn ich es mir genau betrachte, stelle ich fest, dass Deutsche doch ziemlich abergläubisch sind.

Tatsächlich sollte das im beruflichen wie gesellschaftlichen Zusammenleben keine große Rolle spielen. Tut es aber doch.

Grundsätzlich könnte egal sein, ob das Gegenüber abergläubisch ist. Es kommt auch nicht darauf an, ob du dich selbst dem Aberglauben hingibst.

Am besten ist es, das Gegenüber nicht in eine unangenehme Situation zu bringen. Das ist schon alles.

In China soll niemand sein Gesicht verlieren – hier niemand seinen Glauben an den Aberglauben. Also: Keine 13-seitige Unterlage erstellen und den Gesprächstermin nicht unbedingt auf 13:00 Uhr legen. Du weißt ja, Lian, sicher ist sicher.

Toi, toi, toi."

Positivismus und Negativismus

Sie kennen bestimmt die Frage nach dem zur Hälfte gefüllten Wasserglas. Ist das Glas halb voll oder halb leer? Beides? Das ist richtig.

Wie antworten die Befragten? Der Optimist wählt die erste Variante: „halb voll." Er sieht die positive Alternative, nämlich, dass im Glas noch genügend Platz vorhanden ist, weiteres Wasser aufzufüllen. Das ist gut.

Der Pessimist sieht die zweite Variante: „halb leer." Schon die Hälfte ist gefüllt. Das ist schlecht. 50 % des Platzes ist bereits belegt.

Aus der gegebenen Antwort geht hervor, ob der Betreffende eher eine positive oder eine negative Lebensstrategie verfolgt.

Übertragen auf Deutsche und Chinesen lässt sich ein interessantes Phänomen – natürlich verallgemeinernd – erkennen.

Der Chinese außerhalb seines Heimatlandes scheint der positiv denkenden Fraktion anzugehören. Idee? Umsetzung! Fertig! So einfach kann es gehen. Aufgrund seiner Prägung und Kultur scheint dieses Verhalten widersprüchlich.

Oder zeigt sich das zielorientierte – hier positive – Gedankengut gerade deswegen, weil es für den Durchschnittschinesen früher nicht möglich war (vielleicht auch heute noch so ist), so zu handeln? Er scheint tatsächlich positiv zu denken, was seine Ziele anbelangt.

Der pessimistische Deutsche

Wie mag der Deutsche auf den Chinesen wirken? Eher zögerlich, abwägend, absichernd? Ist das ein Grund, weshalb sich viele Deutsche für alle möglichen Lebenslagen versichern?

Während der Chinesen sagt „wir machen das", äußert der Deutsche „wir überprüfen das (ob wir es machen können)."

Aus Sicht des Fremden wird in Deutschland ein Vorschlag beziehungsweise eine neue Idee aus allen Richtungen durchleuchtet. Es werden alle Risiken und Beschränkungen gesucht – und gefunden. Kann eine Idee so realisiert werden, wie ursprünglich vorgesehen?

Bestenfalls zeigt das Ergebnis einen Kompromiss. Als wäre das nicht schon alles – kostet die Suche nach dem Kompromiss viel Zeit – oft viel zu viel Zeit.

Für den Fremden mag es so wirken, dass der Deutsche nicht etwa Wege sucht, das Ziel zeitnah zu erreichen. Nein, er sucht und findet die Gründe, die <u>gegen</u> die Erreichung des Ziels sprechen. „Das Problem ist …"

Liebe Chinesin, lieber Chinese, natürlich sind die aufgeführten Überlegungen generalisiert. Sie werden – höchstwahrscheinlich – auf Hiesige treffen, die zögerlich vorgehen.

Am besten zeigen Sie direkt Lösungswege auf, wie mögliche ‚Probleme' umgangen werden können. Verzweifeln Sie nicht an der Bedächtigkeit vieler Deutschen. Bleiben Sie selbst bei Ihrer positiven Einstellung und streben konsequent Ihre Ziele an.

Denken Sie positiv!

Wertschätzung

Liebe Leserin, lieber Leser, haben Sie einen Einblick in die deutschen Umgangsformen erhalten können? Sicherlich gibt es noch viel mehr Aspekte und Situationen, die es im deutsch-chinesischen Miteinander zu betrachten gäbe.

Immer wieder sei betont, dass ein fremdartiges Verhalten keineswegs und zwangsläufig falsch sein muss. Das Gegenüber meint es auch nicht immer böse. Er oder sie ist lediglich durch die eigene Herkunft und die kulturelle Tradition gewohnt, sich ‚anders' zu verhalten.

Zeigen Sie Geduld und geben Sie sich offenherzig. Bringen Sie Warmherzigkeit in der Begegnung mit, wertschätzen Sie den anderen. Er ist ein Mensch, so wie Sie auch. Er hat dieselben Rechte und Pflichten, genauso wie Sie.

Helfen und unterstützen Sie einander, dann sieht Vieles auch nicht mehr ganz so schlimm aus. Wer den anderen ‚versteht', kann ihn besser einschätzen.

Das Verhalten in einer anderen Kultur einzuschätzen, zu deuten und zu akzeptieren, ist nicht ganz so leicht. Trotzdem bietet das Fremde die große Chance, Einblicke in Fremdartiges zu erhalten. Vielleicht bieten diese Einblicke die Erweiterung des eigenen Denkens.

Nutzen Sie die Chance und erweitern den eigenen Horizont – Viel Vergnügen und viel Spaß bei der Entdeckung kulturspezifischer Eigenschaften.

Anhang – 附录

Index – 指数

A

Abendmahl........................... 88
Absage 47
Abwartezone....................... 50
Akademischer Titel.............. 32
Anrede 24
Anrede, direkte 31
Ansprechen 30
Anstoßen............................. 74
Arme über Kreuz 89
Auf Holz klopfen.................. 87
Aufeinandertreffen 24
Ausreden lassen 38

B

Bayern................................ 14
Bedürfnis............................. 19
Begrüßung........................... 27
Berührung, sexuelle 53
Besteck............................... 72
Besteckteil.......................... 72
Bestellung 70
Bezahlen 76
Bezahlung 67
Bismarck-Schönhausen, Otto
   Eduard Leopold von 8
Börsencrash 89
Brettspiel 58
Brot 90
Buddha............................... 84

C

Charakter-Eigenschaften 14
Chinesisches Neujahr 87
Christus............................... 88
Couvert 72
Cross-Cooking 71

D

Dessertbesteck............... 72, 73
Distanz 13
Distanz, gesellschaftliche 50
Distanz, intime 50
Distanz, öffentliche 51
Distanz, persönliche 49
Distanz, soziale................... 50
Distanz-Wolke 48
Distanzzone........................ 48
Dominanzverhalten............. 28

Drachen 84
Dschuang Dsi 12
Duzen................................. 30

E

Einladung 64, 67
Einzug 55
Entschuldigung 59

F

Farbe der Trauer 83
Fingern, abzählen an............ 60
Flagge 13
Formulierung, umschreibende
   47
Frau................................... 31
Freitag, der 13..................... 88
Freude 83
Freund 54, 55
Freundlichkeit 57
Freundschaft..................54, 82
Fürsorge.............................. 24
Fußball............................... 58

G

Gandhi, Mohandas Karamchand
   90
Gast und Gastgeber 67
Gästetisch 76
Gastronomie 64
Gedeck............................... 72
Gedeckteller 72
Gefühl 82
Geist, böse 91
Geist, hungrige.................... 87
Geld 83
Geschäftserfolg................... 22
Geschäftstreffen 23
Geschenk 82
Gesicht wahren................... 47
Gesprächsführung................ 35
Geste 33
Glas 72
Glück.................................. 82
Glücksbotschaft 59
Glückskeks 59
Glückszahl........................... 89
Go 58
Goethe, Johann Wolfgang von
   64

Gold...................................44
Grubenarbeiter....................87
Grußhand 59
Guanxi 64

H

Hand, linke.........................59
Hände über Kreuz 30
Händedruck 27, 28
Hegel, Georg Wilhelm Friedrich
  82
Herr 31
Hierarchie 24
Hinsetzen............................37
Höflichkeit 57
Holz, klopfen auf..................87
hongbao 82
Horoskop.............................84
Hustenanfall 59

I

Intimdistanz........................49

J

Ja und Nein 43
Japan 57, 59
Jesus Christus 30, 88

K

Kampfkunst 58
Kartoffel..............................71
Knigge, Adolph Freiherr von ..97
Kommunikation 33
Kontakt knüpfen 39
Kontaktaufnahme.................22
Körperberührung...................52
Körperhaut 48
Körpersprache 33
Korruption 83
Kreuzen der Arme.................30
Kreuzigung...........................30
Kultur, digitale 77
Kung-Fu 58

L

Lächeln 46, 57
Land des Lächelns.................57
Lärm 55
Lärmschutzregelung 56

Lehár, Franz........................... 57

M

Mahatma Gandhi 90
Mah-Jongg 58
Malaysia 89
Mann..................................... 31
Meinungsäußerung 48
Mianzi 47
Millionenstadt..................... 13

N

Nachbar................................ 55
Nachbarschaft...................... 56
Näherkommen,
    gesellschaftliche 46
Negativismus........................ 91
Netzwerk............................... 64
Niesen 59

O

Österreich 14
Outfit.................................... 43

P

Peinliche Situation................ 46
Platz nehmen 37
Platzteller 72
Positivismus 91
Professor.............................. 32
Profil 38
Pünktlichkeit 23, 42

R

Rang 23
Rathenau, Walther 22
Rauchen 66

Rechnung 76
Rechnungsformular.............. 76
Rechnungssumme................ 78
Reis 66, 71
Richtung anzeigen............... 33
Rot 82
Rückgeld 76
Rücksicht............................. 56
Rülpsen 65

S

Salz....................................... 90
Schmatzen 65
Schnäuzen............................ 47
Schopenhauer, Arthur.......... 46
Schütze 85
Schwäche zugeben.............. 44
Schweiß................................ 47
Schweißgeruch..................... 47
Shaolin 58
Siezen................................... 30
Singapur............................... 89
Sitzhaltung 37
Smalltalk 39, 42, 50
Smalltalk, professionelle 39
song zhong 83
Spiel 58
Stäbchen........................12, 66
Stereotyp 14, 15
Stern 84
Stuhlkante............................ 37

T

Tabu...................................... 83
Tabuthema............................ 40
Taijiquan 58
Taiwan 89
Tetraphobie 89

Teufel.....................................88
Tischsitte 64
Tischwahl...............................68
Titel, akademische 32
Toi, toi, toi 82, 88
Trinkgeld................................78
Trinkregel...............................74

U

Umgang mit Menschen..........97
Umgang, berufliche 23
Unglück..................................90
Unglückstag............................88
Unglückszahl..........................89
Unkenntnis 75
Unterschied 12

V

Verbeugung 25
Vielfältigkeit...........................19
Vietnam 89
Visitenkarte 23
Vollständiges Gedeck............73
Vorurteil 14

W

Wanduhr................................83
Wertschätzung.......................92
Winkekatze............................59
Winken 35
Wohnungsbesichtigung 55
Wohnungseinzug 90
Wolkenaußenhülle................48

Z

Zeit..42
Zhuangzi 12
Zuprosten 73

Knigge als Synonym und als Namensgeber

Umgang mit Menschen

Suche weniger selbst zu glänzen, als andern Gelegenheit zu geben,
sich von vorteilhaften Seiten zu zeigen, wenn Du gelobt werden und gefallen willst
Adolph Freiherr Knigge, aus dem Buch „Über den Umgang mit Menschen", 1788
(1752 - 1796)

Adolph Freiherr Knigge

Das Wort Knigge steht heutzutage als Synonym für Umgangsformen.

Schon zu seinen Lebzeiten war Adolph Freiherr Knigge (1752 - 1796) umstritten. Knigge setzte sich durch sein energisches Eintreten für die Ziele der Aufklärung, so wie er sie verstand, scharfen Angriffen aus. Er arbeitete als Romanschriftsteller und Satiriker sowie als politischer Schriftsteller.

Er gehörte den Freimaurern an. Heute ist Knigge vor allem seines Buches wegen ‚Über den Umgang mit Menschen' (1788) bekannt. Und zwar deswegen, weil sein Werk als Etikette-Buch angesehen wird.

Das große Missverständnis

Knigge verdankt seinen heutigen Ruf und Erfolg aber einem Missverständnis. Denn: Das Werk Adolph Freiherr Knigges gilt als Etikette-Buch ersten Rangs. Allerdings beschreibt Knigge keine Regeln wie mit Besteck umzugehen ist, oder das Verhalten bei Tisch, stattdessen offenbart er eine praktische Lebensphilosophie im Umgang mit Mitmenschen.

Er gibt Anleitungen und Anregungen, wie mit seinen Mitmenschen richtig umzugehen ist. Knigge hoffte damit, dass die Menschen glücklich und froh miteinander leben könnten.

Sein Buch erschien 1788 und war schon kurze Zeit in fast allen Haushalten zu finden. Über 200 Jahre lang prägte sich sein Buch im Bewusstsein der Leser als praktisches Handbuch über gutes Benehmen ein.

Über den Umgang mit Menschen

In drei Teilen seines Buches hat Knigge über den Umgang mit verschiedenen Menschengruppen geschrieben, zum Beispiel:

- Über den Umgang mit Leuten von verschiedenen Gemütsarten, Temperamenten und Stimmungen des Geistes und des Herzens (Erster Teil, 3. Kapitel)
- Über den Umgang mit Frauenzimmern (Zweiter Teil, 5. Kapitel)
- Über die Verhältnisse zwischen Herrn und Dienern (Zweiter Teil, 7. Kapitel)

- Über das Verhältnis zwischen Wohltätern und denen, welche Wohltaten empfangen; wie auch unter Lehrern und Schülern, Gläubigern und Schuldnern (Zweiter Teil, 10. Kapitel)
- Über den Umgang mit den Großen der Erde, mit Fürsten, Vornehmen und Reichen (Dritter Teil, 1. Kapitel)

Knigge heute als Synonym für Umgangsformen

Obwohl es heute klar ist, dass Knigge anderes verfolgte, als wir manchmal unter seinem Namen verstehen, soll ‚Knigge' als Synonym für den Bereich stehen, dem sich das vorliegende Buch widmet.

12 Ratgeber in der kleinen Knigge-Reihe

Der kleine ... -Knigge [2100] (Je € 9,70; 88 Seiten, 12x19 cm, kartoniert)

Anstands- und Banausen-Knigge [2100]
Business- und Kunden-Knigge [2100]
Büro- und Kollegen-Knigge [2100]
Gäste- und Gastgeber-Knigge [2100]
Gesellschafts- und Freunde-Knigge [2100]
Outfit- und Stil-Knigge [2100]

Interkulturelle- und Auslands-Knigge [2100]
Bewerbungs- und Vorstellungs-Knigge [2100]
Event- und Feste-Knigge [2100]
Gastro- und Tischsitten-Knigge [2100]
Speisen- und Exoten-Knigge [2100]
Trinkkultur- und Getränke-Knigge [2100]

12 x kleines Handbuch der Rhetorik 2100

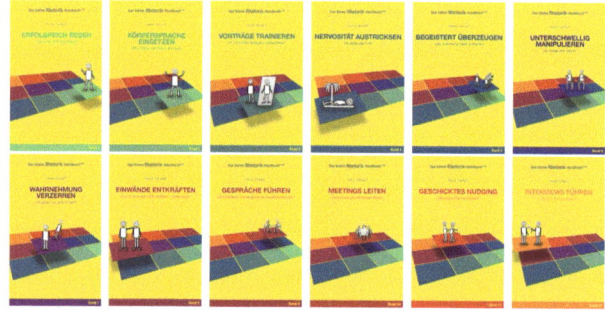

Der kleine Handbuch der Rhetorik [2100] (Je € 9,70; 100 Seiten, 12x19 cm)

Erfolgreich reden „Die Kunst, flott vorzutragen"

Körpersprache einsetzen „Mit Händen und Füßen sprechen"

Gezielt trainieren „Ich will endlich erfolgreich präsentieren!"

Nervosität austricksen „Mir zittern die Knie"

Begeistert überzeugen „Das rhetorische Feuer entfachen"

Unterschwellig manipulieren „Ich kriege dich schon!"

Wahrnehmung verzerren „Ich glaub' nur, was ich sehe."

Einwände entkräften „Das ist doch gar nicht machbar! – Oder doch?"

Gespräche führen „Zielorientierte und zeitsparende Gesprächslenkung"

Meetings leiten „Besprechungen erfolgreich führen"

Geschicktes Nudging „Das versteckte Anschubsen"

Interviews führen „Darf ich Sie mal fragen?"

4 Ratgeber in der Ego-Management-Reihe

Persönlichkeits-Management – Ego-Knigge [2100] Soft Skills, Selbst-Reflexion und Selbst-Be-wusstsein

Stress-Management – Ego-Knigge [2100] Lampenfieber, Stressoren, Gerüchte, Mobbing, Burn-out, Stressvermeidung

Zeit-Management– Ego-Knigge [2100] Umgang mit der Zeit, Organisation von Arbeitsabläufen, Perfektionismus, Zielsetzung

Gedächtnis-Management – Ego-Knigge [2100] Gehirn, Intelligenz, Schwachsinn – Hochbega-bung, Gedächtnis, Lerntechniken. Jeder Ratgeber € 14,90, 104 Seiten, A5, kartoniert

4 Ratgeber in der Reihe Lebenseinstellung

Aberglauben-Knigge [2100] Von schwarzen Kat-zen, der linken Hand des Teufels und den Glücksbringern

Lügen- und Egoismus-Knigge [2100] Überleben durch Flunkern, Schummeln und Täuschen! Macht, Respekt, Wertschätzung? Lebenslüge und Lebensschutz

Glücks-Knigge [2100] Vom Glücklichsein, positiven Denken und von Freundschaften

Angst- und Optimismus-Knigge [2100] Die Furcht beherrschen, Ängste nutzen und positiv durchs Leben gehen. Jeder Ratgeber € 12,95, 160 Seiten, A5, kartoniert

3 Ratgeber Bräutigam, Braut und Brautpaar

Bräutigam-Knigge [2100] Verlobung und Polterabend, Schwiegereltern und das Ja-Wort, Hochzeits-Outfit und Hochzeits-Kutsche

Braut-Knigge [2100] Brautkleid und Accessoires, Das große Hochzeitsfest, Höhepunkte und Hochzeitstanz

Brautpaar-Knigge [2100] Historisches und Sonderbares, Planung und Organisation, Aberglaube und Hochzeitsbräuche. Jeder Ratgeber € 15,90, 104 Seiten, A5, kartoniert

2 Ratgeber Selbst-Coaching

Selbstbewusstsein Knigge [2100] Ich bin, ich kann, ich will. Das eigene Leben bestimmen, Soft Skills, The Winner 1, € 12,95; 120 Seiten A5

Selbstwertgefühl Knigge [2100] Steh auf! – Werde aktiv! – Zeige Profil! Das eigene Leben beeinflussen, Motivation, The Winner 2, € 12,95; 120 Seiten A5

Leben und Lifestyle

Das kleine Knigge-Quiz [2100] € 9,70; 96 Seiten, 12x19 cm, kartoniert

Jugend-Knigge [2100] Knigge für junge Leute und Berufseinsteiger, € 15,90; 152 Seiten

Zukunfts-Knigge [2100] Verfall der Sitten und Verlust der Wertschätzung? Umgangsformen in 100 Jahren. Zusammenleben mit Menschen, Maschinen und menschenähnlichen Robotern, € 14,95; 172 Seiten A5 kartoniert

Wertschätzung-Knigge [2100] Gleichberechtigung, Gender und Respekt, Sexuelle Orientierung, Umgang bei Diskriminierung und Mobbing, € 14,95; 152 Seiten A5

Hochzeits-Knigge [2100] Hochzeitsbräuche, Geschenke, Brautjungfer, Trauung, Festgäste und Festmahl, € 29,95; 310 Seiten A5

Ü65- und Senioren-Knigge [2100] Die junge Alten und die alten Jungen, Kommunikation und Verständnis zwischen den Generationen, Einsamkeit und technischer Fortschritt, € 19,95; 180 Seiten A5

Blumen-Knigge [2100] Historisches, Mystisches, Festliches, Blumen-Sprache, Umgang mit Blumen-Präsenten, € 19,95; 144 Seiten A5

Bekleidung! Ausdruck der Persönlichkeit – Lukas' Outfit-Knigge [2100], € 19,95; 196 Seiten A5

Nudel-Knigge [2100] Himmlische Teigwaren, € 17,95; 140 Seiten A5

Der Interkulturelle Kompetenz-Knigge [2100] Kultur, Kompetenz, Eindrücke – Gesten, Rituale, Zeitempfinden – Berichte, Tipps, Erlebnisse, € 29,95; 240 Seiten A5

China-Deutschland-Knigge [2100] Chinesen in Deutschland, € 12,90; 104 Seiten A5

Dschungel-Knigge [2100] Umgang in ungewohnter Umgebung, € 23,95; 192 Seiten A5

Der Dicke-Knigge [2100] Aus dem prallen Leben des Dicken, € 15,90; 104 Seiten A5

Typisch Frau – Typisch Mann Knigge [2100] Unterschiede und Gemeinsamkeiten im Umgang mit dem anderen Geschlecht, € 12,95; 128 Seiten A5

Kulinarischer und Gastronomischer Knigge [2100] Von Events, Feiern, Aperitif über Esskultur, Speisen und Getränken zu zeitgemäßen Tischsitten, € 26,50; 284 Seiten A5

Klo- und Pinkel-Knigge [2100] Vom privaten und öffentlichen Bedürfnis - Umgangsformen im Tabu-Bereich, € 13,50; 104 Seiten A5

Omi hüpf' mal Märchen meiner Großmutter, Erlebnisse ihre Jugend und wahre Geschichten meines Vaters von und über Omi Rickchen, Hardcover, € 29,95; 312 Seiten

Der Hunde-Knigge [2100] Umgang mit dem Hund – Hundesprache – Der Hund in der Gesellschaft, € 17,95; 180 Seiten A5

Welcome to Germany-Knigge [2100] Umgangsformen, Verhaltensmuster und gesellschaftliches Miteinander im deutschsprachigen Europa, € 11,99; 108 Seiten A5

Besuch willkommen Knigge [2100] Einladung, Gast, Geschenk, Empfang, Feier, Gastfreundschaft, € 14,95; 200 Seiten A5

Mensch, Macht, Mörder [2100] Verfall der Umgangsformen?, € 14,90; 260 Seiten A5

Leben, Tod und Ansichten Austausch mit Berühmtheiten über Wichtiges und Unwichtiges im Leben, € 12,95; 116 Seiten A5

Leben, Tod und Überlegungen Austausch mit Berühmtheiten über Größe, Ewigkeit und Spaß im Leben, € 12,95; 116 Seiten A5

Tod, Trauer, Totenkult-Knigge [2100] Sterben, Trost, Takt, Bestatten, Tradition, Vorsorge, Tabus, Vergänglichkeit und Sonderbares, € 17,95; 212 Seiten A5

Leben und Lifestyle

Rhetorik, Soft Skills, Hochschule, Beruf

Rhetorik ist Silber Von den ersten Schritten zu einer perfekten Präsentation, € 17,90; 144 Seiten A5, kartoniert, Zeichnungen

Moderation ist Gold Gesprächsführung, Umfragen, Talkrunden und Manipulation, € 17,90; 144 Seiten A5, kartoniert, Zeichnungen

Lebhafte Körpersprache in Vorträgen, Präsentationen, Gesprächen, € 17,90; 144 Seiten A5, kartoniert, ca. 290 Zeichnungen

Rhetoric – Mastering the Art of Persuasion, € 22,90; 144 Seiten A5, kartoniert

Discussion – Mastering the Skills of Moderation, € 22,90; 144 Seiten A5, kartoniert, Zeichnungen

Body Language in Europe, € 22,90; 144 Seiten A5, kartoniert, ca. 290 Zeichnungen

Körpersprache – Lüge, Verrat, Macht, Im Beruf, vor Gericht, beim Flirt – Gewinnerpose und Demutshaltung – Drohung und Zuneigung; € 29,95; 364 Seiten A5, kartoniert, über 400 Zeichnungen

Das große Buch der Rhetorik [2100] Tacheles reden; Präsentieren; manipulieren und überzeugen, € 37,45; 332 Seiten A5, kartoniert, viele Darstellungen

Trickreiche Rhetorik [2100] Psychologische Gesprächsführung, manipulierende Darstellung, unaufdringliches Nudging, € 37,45: 300 Seiten A5, kartoniert, Zeichnungen

Soft Skills-Knigge [2100] Soziale, Persönlichkeit, Selbstmanagement, € 37,45; 324 Seiten A5, kartoniert, viele Darstellungen

Schlagfertigkeit-, Spontaneität-, Stegreif-Knigge [2100] Impulsiv handeln, verbale Angriffe kontern, Störungen entwaffnen, € 13,50; 104 Seiten A5

Pitch Skills und Überzeugungs-Knigge [2100] Elevator Pitch, Geldgeber beeindrucken, Feuer versprühen, € 13,50; 128 Seiten A5, kartoniert

Smalltalk-Knigge [2100] Vom kleinen Gespräch bis zum charmanten Flirt - Kontakt ausbauen, Sympathie zeigen, Begehrlichkeit wecken, € 13,50; 100 Seiten A5

Quassel-Knigge [2100] Quasseln, Quatschen, Quengeln oder Lebenswichtige Kommunikation – Gezielt eingesetzte Rhetorik – Aussagekräftiges Profil zeigen, € 13,50; 112 Seiten A5

Hochschul-Knigge [2100] Studentischer Umgang in und außerhalb der Hochschule am Beispiel der Cologne Business School, 132 Seiten A5, kartoniert, Fotos

Jugend-Karriere-Knigge [2100] Schule und Studium, Netzwerk und Klüngel, Erfolg und Risiken, € 19,95; 224 Seiten A5, kartoniert, Zeichnungen, Checklisten

Bewerbungs-Knigge [2100] **für Frauen – Tina bewirbt sich / Bewerbungs-Knigge** [2100] **für Männer – Tom bewirbt sich,** Vorbereitung, Wahl der Kleidung, Verhalten beim Bewerbungsgespräch, je € 19,70; 128 Seiten A5, kartoniert, Fotos, Checklisten

Kreativitäts-Knigge [2100], Visionärhaft denken, Scheuklappen sprengen, Mentales Risiko eingehen, € 14,95; 164 Seiten A5, kartoniert

Team und Typ-Knigge [2100], Ich und Wir, Typen und Charaktere, Team-Entwicklung, € 14,95; 128 Seiten A5, kartoniert, viele Darstellungen

Die flotte Generation Y im 21. Jahrhundert, selbstbewusst – lebensbetonend – flexibel. Wie mit der Generation Y zielorientiert und erfolgreich gearbeitet werden kann, € 12,95; 116 Seiten A5, kartoniert, Zeichnungen

Die flotte Generation Z im 21. Jahrhundert, entscheidungsfreudig – effizient – eigenverantwortlich. Wie mit der Generation Z zielorientiert und erfolgreich gearbeitet werden kann, € 12,95; 140 Seiten A5, kartoniert, Zeichnungen

Rhetorik, Soft Skills, Hochschule, Beruf

Englisch:

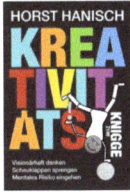   

Beratung, Coaching, Seminar

Horst Hanisch Seminare
seit 1987

Wer hat nicht gerne mit Menschen zu tun, die selbstbewusst und selbstsicher mit anderen Menschen umgehen?

Geschäftspartnern, die die elementaren Regeln des ‚Benimms' beherrschen, stehen die Türen zum Erfolg offen.

Unternehmen, die neben ihrer fachlichen Leistung auch ‚menschlich' überzeugen wollen, bieten wir für ihre Mitarbeiterinnen und Mitarbeiter aktives Training im Umgang mit Kunden, Gästen, Kollegen und Gesprächspartnern an.

Auf unserer Website informieren wir Sie über unsere Angebote:

- Firmen-Internes-Training
- → Business-Etikette und das Lehrmenü
- → Präsentieren, Moderieren, Kommunizieren
- → Körpersprache und ihre Geheimnisse
- Offen ausgeschriebene Seminare
- → Teuflische Rhetorik
- → Flottes Reden vor und zu anderen
- → Der erste Eindruck

- → Ladies Power
- Individuelles Einzelcoaching
- → Authentisches Auftreten
- → Dress for Success
- → Verhandlungstechniken
- → Persönlichkeit
- Interkulturelles Training
- Freundlichkeits-Checks in Unternehmen
- Workshops
- → Soft Skills

- → Team-Training
- Intensiv-Training für
- → TV-Auftritte
- → Vorträge
- → Präsentationen
- → Reden
- Fachliteratur und Arbeitsunterlagen
- Vorträge/Speaker
- → Vor kleinem und vor großem Publikum

Individuelles Coaching für Einzelpersonen: Und, wer es ganz individuell mag, greift zurück auf ein Einzel-Coaching. Hier werden ganz persönliche Herausforderungen angegangen, mit Themen wie:

- Interkulturelle Kompetenz
- Selbstsicheres Auftreten
- Präsentations-Techniken
- Erfolgreiche Verhandlungsführung

- Der Erste Eindruck
- Bewerbungstraining
- Rhetorik und Überzeugungskraft

und andere Themen – direkt auf die besonderen Bedürfnisse des Einzelnen zugeschnitten. Besuchen Sie uns auf www.knigge-seminare.de